新米系列　6

股

看盤選股

▌新米太郎 / 編著

恆兆文化．出版

股票初見面

看盤選股

CONTENTS

Chapter-1 投資認識篇

Chapter-2 成敗比較篇

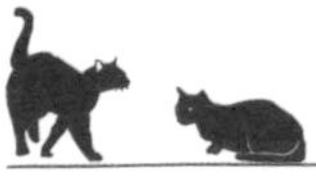

Chapter-3 基礎看圖篇

CONTENTS

Chapter-4 上線實戰篇

Chapter-5 資訊收集篇

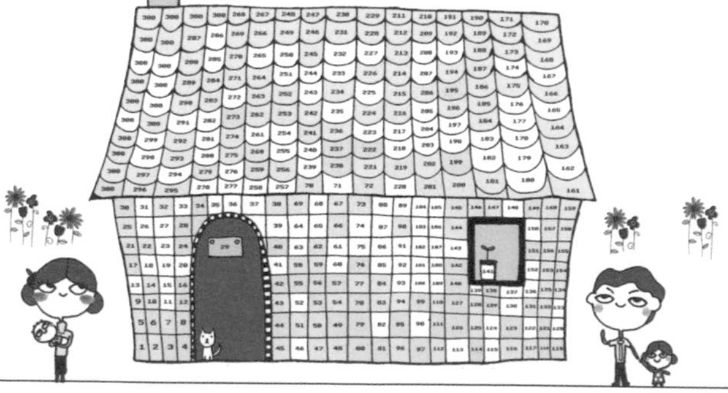

Chapter 1

投資認識篇

成功的股票投資

決定於主觀的心態與客觀的操作技巧

還沒出手前

用１０個問題想一想

以什麼態度入市

贏的機會最大

股票投資的十個問題

想從事股票買賣的人都該認識股票交易的本質——比起投資它更像是投機！

股票≠投資 股票≒投機

坐在電腦桌前上上網、敲敲鍵盤找找看現在有那檔股票價格是低的，預測它會在什麼時間點漲到什麼價位，於是買進、賣出。股票交易者所要做的就是充實並掌握有用的資訊磨練買與賣的技巧！

股票這一行不必跟股東開會也不必爲了人事案傷腦筋，如果股票是「投資」，那麼，我們就得像拿錢投資朋友開餐廳一樣，從地點、餐點、冷氣到服務員都得關心。但事實上「投資股票」跟「投資餐廳」差太遠了，股票投資人只要關注「預知未來變動」就夠了！

然而，要「預知未來變動」，每一項變動都必須有所本。比如當出現一則利多新聞時，從事股票交易者得以經驗與獨具敏銳度去揣測市場對這則消息的反應，而這種對新聞變動的預知反應，幾乎沒有規則可循，因爲還得配合市場情況，比方說如果大趨勢利多已經很明顯，也許好消息與壞消息都無法左右行情繼續上漲。

投資，容許投資者一步一步漸入佳境，通常已經摸熟了門道的投資者至少能享有一段時間的獲利，但股票這一項投資則隨時得提防本利完全蝕淨的風險。

所以，股票有時它眞像賭博，技巧好的賭徒可能常常會贏，但卻沒有那種「絕對沒輸過」的賭徒。

沒有總會贏的賭徒 沒有總會贏的股票投資人

比起其他「生意」股票入門很簡單，身上有1仟元，只要懂得國字，有身份證，就能上網買賣股票，可是，你得下定決心，把股票投資認眞的做爲一項「投機事業」。

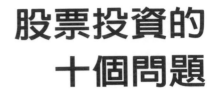

20世紀初華爾街的傳奇作手傑西·李佛摩爾(Jess Livermore)，是如此解讀投機這項事業的——

「投機的競技始終是世上最有魅力的遊戲。但這樣的遊戲愚蠢的人不能玩，懶得動腦筋的人不能玩，情緒平衡不佳的不能玩，妄想一夜致富的冒險家更不能玩。他們至死都將窮困。」

了解它 否則遠離它

傑西·李佛摩爾(Jess Livermore)是位天才型交易作手，他認爲股票、期貨這種價位的變動，是可以利用「科學的方法」歸納整出變動邏輯的，但他對於前來打探「明牌」的投資人卻如此比喻——

「告訴打探明牌的投資人自己的研究，就像人們詢問外科醫生，我應該用什麼方法靠著外科手術發橫財一樣的危險。」

有關「如何從股市中致富」的書論述不算少，先不論是否眞有如傑西·李佛摩爾所說的那套「科學的方法」存在，股票就像麻將或任何賭博性的玩具一樣，對參與的人來說本身就存在著每一把都想玩的人性弱點。

而這正是是投機事業的最大致命傷，如果不事先防止，難保生活落入希望無窮與恐懼無比的交替之中。

爲股市新手編寫看盤選股一書對我們而言壓力不小，但就很多種角度來看，股票卻又是非常適合上班族、主婦、退休族甚至是學生理財儲蓄的一門管道。因此，在進入主題之前編輯團隊設計了10個問題箱子，請讀者一箱箱的打開自行判斷，股票是否可以當成你理財的好伙伴。如果你答「YES」的比例很高，那就表示愈可以放心進入股市。

Q1

有10萬元以上的閒錢嗎？

接下來10個股票問題箱，箱子外各貼有一個問題。如果答案爲Yes，就可以不用看左頁，也就是說在該項條件上已具備股票投資的基本條件了，如果答案是No，不是就無法股票投資，而是在進入正式投資之前必需對該項條件特別留意。白話點說，答「No」那一項就是你的「罩門」。

本書所提出第一個問題是：你有10萬元以上的閒錢嗎？

就像創辦任何事業一樣，資金的多寡與來源十分重要。最初若手頭沒有資金，股票交易就無法開始。這一點一定要先了解。

只要是「閒錢」 500、1000也很好投資

如果手頭只有10萬的一半或是三分之一的投資金額，還是一樣具備投資成功的條件，只不過是金額太少累積資產的時間就需要比較長。

若手頭每月都有幾千元的小餘額，也建議學習上網買零股，因爲零股沒有金額限制，500、1000元能買，雖然會花幾十元手續費，但零股積少成多，從中也能磨練選股票交易的能力，報酬也不差。

總之，千萬不要用削減生活費後多出的部分和貸款作爲股票的投資資金。投資的目的是增加資產，但不要忘記它也存在風險。

所謂的閒錢，就是這些資金即使爲零，生活也不受影響，這樣的資金才能用於股票交易。

投資前，先做自己的資產負債表

有些家庭不動產很多但現金不多，建議你可以購買一本「家計簿」製作自家的資產負債表，從中就能找出活用資產的安全額度。

用多餘的錢，帶著寬裕的心情進行股票交易。留有餘地的去做任何事是成功的必須條件。

適合做股票嗎？自我檢測01

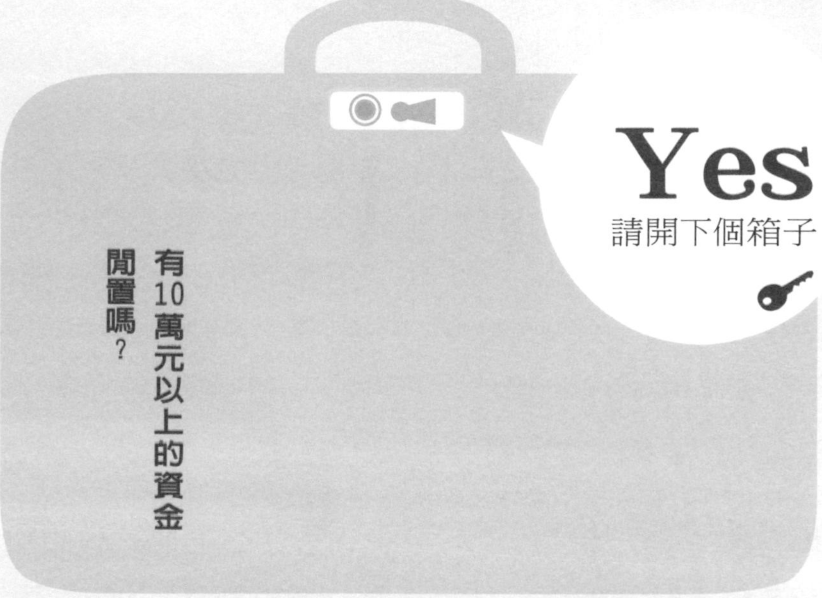
有10萬元以上的資金閒置嗎？
Yes
請開下個箱子

回答**No**的讀者不用擔心。
閱讀左頁的內容後進入第二個箱子。

Key Word

【零股投資】

買賣股票一般採一張計，也就是一千股為單位，例如，台積電目前股價是70元，買進一張就需要7萬元，(70元×1000股)。但你也可以只買100股、50股……，若不計手續費買50股，只需要3500元(70元×50股)。零股投資所持有的股數少，但你還是台積電的股東，想賣掉的時候也可以一次只賣20股或10股不等，不想賣掉也能慢慢累積湊到一張後再賣出。

所以，股票投資是非常靈活的，不一定得等存上一大筆錢才開始，每月拿三、五仟元就買股票，也是儲蓄的方法。

Q2 股票交易超過半年嗎？

也許你對這個問題感到疑惑——我是初學者，那來的半年以上的交易經驗？

股票是投機，投機本身就是一項「事業」，是事業就需要經驗，人人都該如此看待！

有些股票初入門者在嚐過幾次股市的獲利甜頭之後，會遠遠的把「風險」抛在九霄雲外，而一項投機事業的成功，卻是在於那種市場歷練之後微妙的平衡感。

別以爲股票跟玩樂透一樣，任何人買樂透都是機率均等的，不，股票是需要經驗。

投機事業需要經驗

賺錢多少與能夠投資的金額有關。不過，爲了盡可能多的賺取利潤，有條件的使用信用交易（融資融券）是被許可的。所以需要一定的交易經驗。況且也不能保證行情一直向上，若大趨勢向下投資人就得站在空方，此時，就需要採用融券的信用交易。

有的證券公司要求投資人得具有半年以上的股票交易經驗，否則不能開設信用交易賬戶。也有的證券公司是以擔保品爲信用交易的評估標準，但不管是採用那一種，決定權都在投資人本身。信用交易並不等於賺錢。沒有經驗的人如果逞能，進行信用交易會比普通的交易風險更大。

很有可能投資人知道信用交易得要有適當時機，但在養成習慣之後卻怎麼也戒不掉，他們有可能因爲過度信用交易而失去投機事業最倚賴的獨特平衡感。因此，建議從現在開始學股票交易的新手，最好等到至少有半年或者二十到三十次以上的股票交易經驗之後再開始使用信用交易。這個期間，要充分適應股票交易，培養知識和靈感。

欲速則不達。要想成功的操作股票，切記不要著急。

適合做股票嗎？自我檢測02

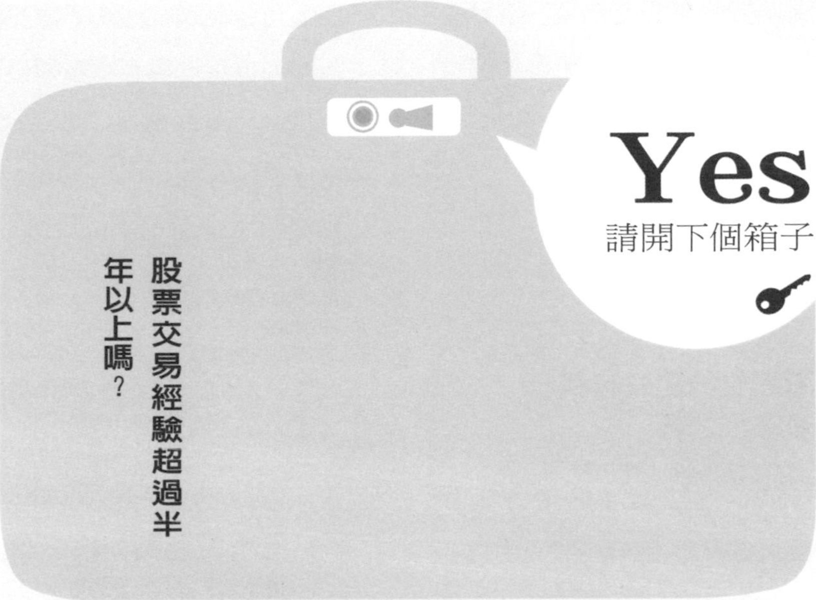
股票交易經驗超過半年以上嗎？
Yes
請開下個箱子

回答No者請閱讀第左頁。

Key Word

【信用交易】

利用信用交易，可以使用數倍於投資額的資金進行交易，可以周轉很大一筆資金。大筆資金可能產生巨大的利潤，不過同時也存在相應的風險。為了降低風險，最好是積累一定程度的交易經驗之後再採用信用交易。

Q3

有具體的資金使用計畫？

企圖跳開既有的財務巢臼嚐試股票交易，都是心裡想買什麼東西，或是存著具體達成什麼理財目標的人。

如果你不是，或還沒有想到。

放膽的想吧！

階段性的建立自信並完成目標

幾年前一位當歌手的朋友教我這個音痴唱歌，她說，發聲秘訣在於「想」——你得先想像聲音躍過三座山、聲音穿透雲，腦子得先想像得到聲音的能量才可以被帶到。雖然我還是無法在大庭廣衆開懷唱歌，但在無人的山上或海邊利用這一招常讓自己覺得是席琳·迪翁。

投資也一樣，比如說，設定賺了5萬元就爲自己買個歐洲旅遊的行程；賺了50萬元就買車。先從簡單一點的目標完成後再逐漸擴大。想想再差一點點就能實現目標了，即使討厭看報紙的人也會認眞讀報，不擅長分析股票圖的人也會變得很喜歡看股價圖認眞研究。如果實現了目標「下次再買棟房子」就會向新的目標挑戰。即使只是實現了眼前很小的目標，也會給人帶來信心。剛開始的一點點自信，多次積累下來，不久就能成爲雄心壯志。擁有了自信，才能帶來巨大的成功。

把所獲利的1半抽離市場存起來。

至於獲利的所得，「將收益的1半存起來」是個好原則。也就是說，如果這一季賺了2萬元，就把1萬元抽離市場，這種方式即使是作手級的股市玩家也如此(雖然他們常因無法遵守而自食惡果)，畢竟，投資股票是爲了獲利，若獲利所得無法完成目標那麼辛苦工作只是換來一排數字是很沒意義的。當目標具體實現，總會叫人有自信可以完成更大的目標。

適合做股票嗎？自我檢測03

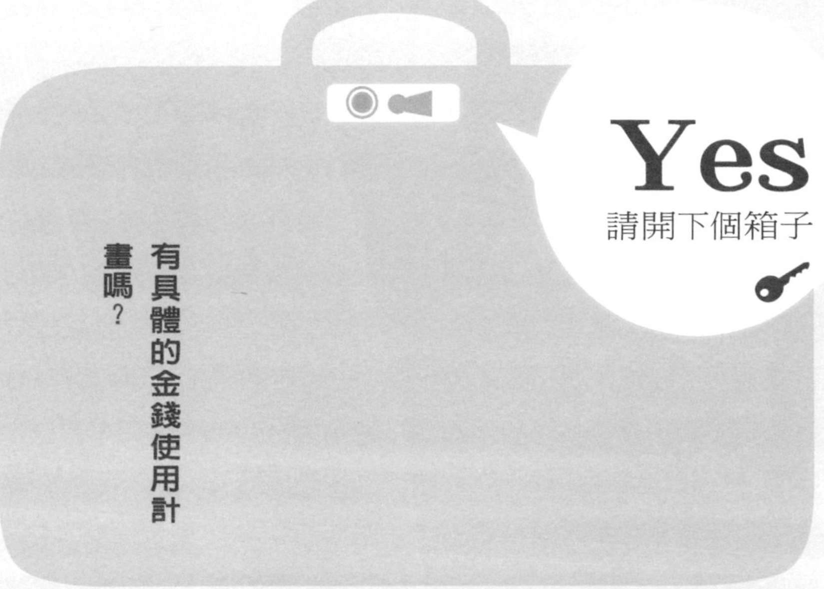
有具體的金錢使用計畫嗎？
Yes
請開下個箱子

回答**No**者，請仔細想想為什麼想投資股票。即使你沒怎麼注意到，但肯定有理由。一邊想一邊請翻到下一頁。

Key Word

【投資的目的意識】

擁有目標意味著有幹勁，投資股票不能進行得不明不白，先想想賺多少，賺的錢幹什麼用有了明確的目標，就會讓生活更有朝氣。

Q4 接納自己的個性嗎？

股票跟釣魚很相似，除了得選對有魚的地方下手，還得等待。如此說來，大家可能會認爲耐性的等待魚上鈎的人是比較適合釣魚的人。不是的，不是完全如此的。

個性急或個性慢跟投資沒有關係，關鍵點在於投資人是否了解並接納自己的個性，然後在一次一次的交易中反省檢討並找出合於自己個性的交易方法。

認識自己 找對適自的交易模型

當別人說起自己個性的缺點時，即使我們表現得有修養沒有暴跳如雷與之爭辯，心裡也會不舒服的人應該很多。做股票交易不能如此，如果個性上無法慢悠悠的等待投資結果那麼就選擇短線交易的方式。如果你喜歡看著股票隨著企業業績一季一季成長，就選擇長期投資。

錢是你的，個性會反應個人獨特的理財風格，要有勇氣欣賞自己的個性。

當你承認自己急性子的個性時，急性的缺點反而成爲優點；當你欣賞自己慢慢來的個性時，慢性的缺點反而成爲優點。但若死命的要自己「改一改」很可能全局都會亂了套。

這應該就是股票投資無法有一體適用的公式的原因。因爲人沒有完全同樣的兩種人。

不接納個性 就沒有可能有高EQ

很多股市老手會警告新人不要採用信用交易，但對於急性子的投資人這道看似防線的「鐵則」並不適用，因爲那種「可以一口氣賺(賠)三倍的緊張感」對急性子而言有種獨特的挑戰，如果知道自己是這種人就好好的找到自己的安全交易方式；一味的讓急性投資人學習巴菲特長期持有的方式反而是不智的。

適合做股票嗎？自我檢測04

Yes
請開下個箱子
可以接納自己天生快（慢）性子的調性嗎？

回答**No**的朋友，可能還沒有找到自己投資理財的Key。請讀左頁。

Key Word

【投資風格與個性】

世界上沒有完全相同的兩種人，理財也一樣，世上沒有一套適合所有人的理財方法。

以我而言，我是個急性子的人，早期看報章媒體推薦－股票應該有耐性的「等」，所以，一直想克服沒耐性的「缺點」，後來慢慢的發現，並非所有人都適用同一套標準，也不是所有股票都適用同一種投資步調。交易必需天天「和自己開會」就像一家公司得天天檢討一樣，但不能逆著性子硬要學習與自己不適合的操作方式。

Q5

不對選擇結果感到懊惱？

必須做出選擇的時候，「選擇前」你是否充分考慮？還是「選擇後」再後悔？

回答「選擇前」的人屬於謹慎小心類型的；回答「選擇後」的人總是把事情想的很糟糕，爲過去的事白白煩惱。

如果「選擇前」和「選擇後」都充分考慮而且還是會後悔的人，在某種程度上，應該是平日就背負太多責任感的人。總是想著——

「要是選了另外一個，就不會變成現在這樣了」

「變成現在這樣都是自己的責任」……

假設你眞的是屬於這種人，那麼最好遠離股票。因爲沒道理爲了增加收入而讓生活時時陷入不安之中。

股票交易 不必要背負太多的責任感

「股票是投機」這是很簡單的一句話，但應用在眞實的金錢增加或損失時，得訓練自己無論選擇哪一個，都要平常心以對。

因此，不要一直想著「如果買那家公司的股票，可能會賺的更多」或是想著「買了這家的股票，雖說賺了，但賣太早了……」。

決定用多少錢賣出股票也是一樣，要決定是以50元的價格賣出去，還是53元賣出的時候，有時可以想「以53元的價格賣出了，眞不錯」，有時更應該要想想「正因爲只要50元，所以賣出去了」。

股票交易當然是必需做足功課以獲取報酬爲目標，但要適度的把不必要的「責任感」丟掉。就心態上來講，這份投機行業不是以三次或五次的成敗爲成敗，而是以全局的獲利爲目的，能夠有這種決心的人才適合做股票。

所以無論選擇哪一方，應要肯定自己選擇的都是最好的。

適合做股票嗎？自我檢測05

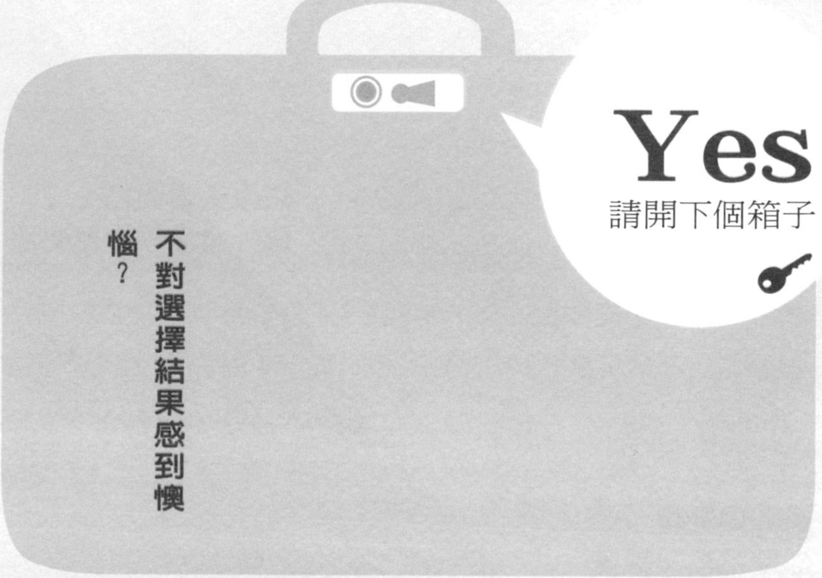
不對選擇結果感到懊惱？
Yes
請開下個箱子

回答**No**的朋友，請從今天開始對事情只煩惱一會兒就夠了。勸自己還有下一次機會，凡事要向前看，樂觀對待。

Key Word

【樂觀致富】

股票交易時時面臨選擇。說股票交易是反復的選擇也不為過。對選擇產生的結果忽悲忽喜患得患失對身體也不好。尤其是短線交易的人，如果每次都抱著頭煩惱就很容易生病！對自己要有信心，結果很好，高興一場；結果不怎麼好，就勸自己「學了很多經驗」、「下次肯定沒問題」。

要保持積極的心態，笑對結果。俗話說的好「和氣生財」。

Q6

總是可以接受新環境？

請回顧一下你的過去…

小學時代是否跟同學結了怎麼也解不開的結，雖然口裡不說，但暗地裡其實很自責；某場重要的考試考前有把握，可是考試當天卻由於肚子痛，無法發揮出最佳狀態；出了社會曾爲了細故離開了一份很好的工作，之後一長段時間覺得很不順利……

視各項變異都是祝福與機會

如果曾經歷過這些，請從現在開始想像「眞好，上帝爲我關閉了一扇又一扇不適合我的門，省得我耗費太多力氣！」

這不是「想像」而已，而是眞實的。

試想，那位小學同學可能長大後把你帶壞；如果順利的考進公家機關可能接下來的幾十年都得守在那個食之無味棄之可惜的位置上；至於那份不小心丟的工作更是機會，那意味著有另一份更有趣能賺更多錢的職位等著你。

對投機者而言，意外常常是致富之路。

隨時，你就保持這樣的心情對你周圍的環境吧！不用擔心自己的努力是否能改變現狀，總是要充滿信心的去做就對了。放下包袱，在現有的環境中帶著十足的好奇盡情享受生活吧。

進行股票交易會遇到各種各樣的情況，並不是總能碰上高興的事情，面對社會經濟的不穩定、股價暴跌、企業倒閉的新聞等，如果總是灰心氣餒會影響情緒。

即使置身於惡劣的投資環境也不用害怕，接受現實，就能冷靜的思考更好的股票交易方法。更明白點說，有智慧的投機者絕不希望行情是順理成章的，意外，常常也意味著機會。

人與股票都是如此。

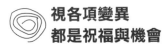

適合做股票嗎？自我檢測06

面對新環境，總是願意接受嗎？
Yes
請開下個箱子

回答**No**的朋友，要在各種各樣的經歷中培養適應能力。要常對自己說：沒關係，一定有方法。

Key Word

【變．動．是機會】

「怕熱就不要進廚房。」

股市若沒有波動，就不叫股市，而且，沒有波動就沒有行情啊！因此，不管賺賠都別怪罪別人更別怪罪環境，它除了讓自己陷入無厘頭的躁動外，一點幫助也沒有。聰明的交易者就是善用這種局勢的波動把股票的錢賺進口袋裡。

Q7 總能夠挑戰新事物嗎？

大家都在這樣做，我也試試；別人怎麼做我就怎麼做……。

一般來說，上述的想法並不過分。不過，如果想成為股票交易的成功者，可能還是需要嘗試一步一步的挑戰新事物。

投機事業 沒有FOLLOW ME！這回事

不要因為聽別人推薦，或是報上說買了能賺的傳聞馬上就去買進股票。為了取得投資（投機）成功，自己要仔細思量——

「為什麼這個方法好？」

「實踐這個方法要做什麼努力？」

「自己有能力這樣做嗎？」

然後親身作出判斷和決定。

此外，你得有個決心，既入了股票這一行無論產生什麼樣的結果也不能將責任推給別人或其他事物。

股票交易的成敗是自己決定的結果。是否能挑戰新事物由自己決定，是否能成功也在於自己。如果能明白這一點，雖然也許會被人說成主觀，但它卻是投資成功必要的特質之一。若無法如此，就買基金或做定存吧，你通常不會因此而挨罵！

主流是王 可惜它永遠在變

正如街頭時裝一樣，股票的主流總是此起彼落的變換著，上一季也許D-RAM強，這一季就換成觀光，沒多久可能又變成鋼鐵與中概。

非躋身主流類股的股票可能完全沒有行情；而主流類股如果沒有行情整個股市也難有行情，然而，隨著物換星，新的領導股會出線、舊的主流股會殞落。只要股市存在一天這種情況就不會改變。因此，自古以來老掉牙的「追隨主流」永遠有效，但是，如何從上一波段的獲利主流中抽離，不被自己的慣性綁住。你得時時挑戰。

適合做股票嗎？自我檢測07

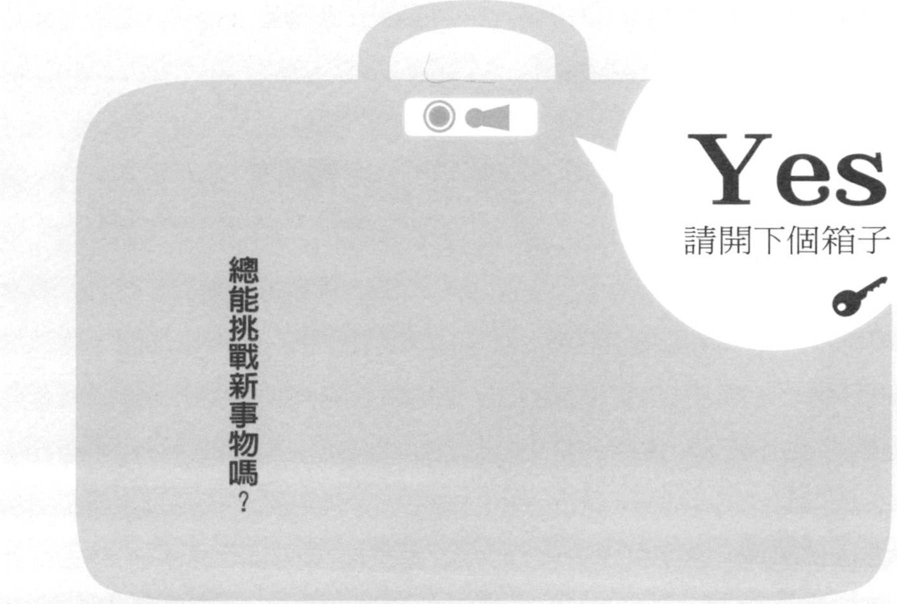
總能挑戰新事物嗎？
Yes
請開下個箱子

回答**No**的朋友可能對自己沒有信心。任何人都有巨大的潛力。從一小點一小點的成功讓自己擁有更多自信吧。

Key Word

【不老的腦力遊戲】

打麻將可以預防(延緩)老人痴呆。不知是否有真的有效，但如果因為時時得動腦就可以預防痴呆，股票鐵定也有這樣的果效。

Q8 具備熱情與好奇嗎？

這一題回答「YES」的人對事情與生活總覺得「應該有更好的」「我認為這件事可以再好一點」。

不滿現狀 不見得是壞事

這裡所指的並不是那種不務實，只愛做白日夢成天看到什麼都抱怨的人，而是對於生命與生活還處在有更美好的想像與好奇裡，而且，願意冒點險去追求與探索。這樣說好了，有時也會有衝動背著包包登山露營幾天，也不願把假日安全的耗在打打電動或看電視上。

說到這裡，現在下了班就只是呆在家裡打電動或漫無目的的看電視的人愈來愈多，曾經好奇的問過幾位這樣的朋友——

「你們喜歡成天打電玩嗎？」

泰半的回答是「不然我要幹嘛？」

如果再問進一步的問，比如說「那出去逛逛吧！」得到的答案可能是「算了，懶得動。」

宅男宅女 重燃對生活的熱情吧！

最近選擇「不動」而當宅男宅女的人愈來愈多，雖然這是個人選擇的結果，不過許多人心裡都曾經是有夢想的，但是由於不知道何時才能實現夢想，有時會灰心、絕望，反復多次灰心絕望後，就傾向於把事情想的很糟糕。有時其實只差一點就能實現夢想也會選擇放棄。

如果這樣，那麼從現在開始築個小小的夢想和目標吧。達成目標前，先讓自己充滿信心。雖說只是小小的滿足，但還是可以體會到滿足感和成就感。

「好吧，再接再厲！」

經營生活與做股票都難免會碰上「多次失望到絕望」的情形，不過，別退坐著，站起來打破天花板試試。

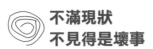

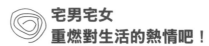

適合做股票嗎？自我檢測08

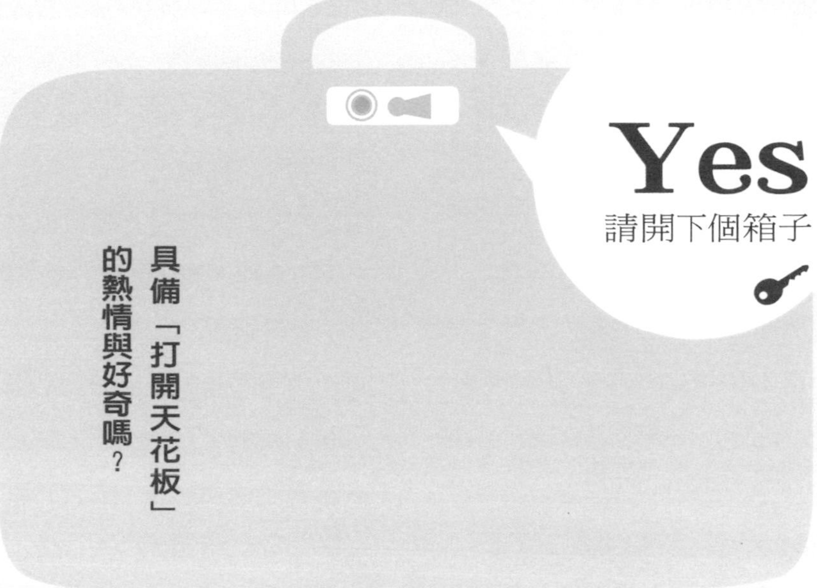
具備「打開天花板」的熱情與好奇嗎？
Yes
請開下個箱子

回答**No**的朋友,請回顧你們的過去。只要想出一件有滿足感或曾經冒險成功的事情，就可以打開下一頁。

Key Word

【天花板上面是……】

以前的人想要脫離環境，讀好書、考好試是條機會，現在的社會則是到處有機會，但人們不一定有動力去推開那扇機會之門。不管遇到什麼事，保持好奇心與熱情吧！天花板上面是什麼？沒打開誰知道呢？

Q9 對流行潮流有敏感度嗎？

潮流＝商機。

上網開個小店吧！就算不是賣最熱門的商品，也得時時關注相關新聞，並透過相關的情報檢視自己的商品。

而在所有的行業中，股票應該是跟潮流與新聞資訊最相關的，如果說股票就是一份情報的行業也不爲過！所以，如果對於上網蒐尋新聞無法接受，最好不要選擇以股票當投資理財的方法。也許有人採取「傻瓜投資」或「好運氣投資法」，但那是很不切實際的。

當然，這裡指的不是說股票交易得隨時跟著新聞進出，而是股票交易者得有吸收解讀資訊的能力(興趣)，從而培養出自己對潮流的敏感度。

著重點 看新聞

在還沒接觸股票前聽到前輩上述的指導心理壓力好大，因爲我不喜歡「流行」，比方說從沒欣賞過燈籠褲也很討厭厚底鞋，當它們有一陣子很流行的時候上街都不知道該買什麼衣服，因爲那種流行都不是我想要的。相反的，不管被朋友笑說軍鞋式的靴子有多麼褪流行，我還是很喜歡。

硬著頭皮胡亂看不喜歡的財經新聞一段時間也看不出它跟股票有什麼相關，後來，自己拿出小額的金錢開始從事短線交易後，慢慢的就能從一次次的交易中發現問題，進而揣摩新聞與股價之間微妙的關係，逐漸的品嚐到財經新聞的「美味」。這也就是爲什麼本書將推薦初學者先從小額、短線交易開始訓練技巧的原因之一。

原來，「看新聞」是有方法的！

因此，如果你的情況跟我一樣，請不要灰心，站在對的位置看新聞，再配合本書第五章簡單的掌握新聞的要點，很快的就找到與自己投資有用的資訊。

適合做股票嗎？自我檢測09

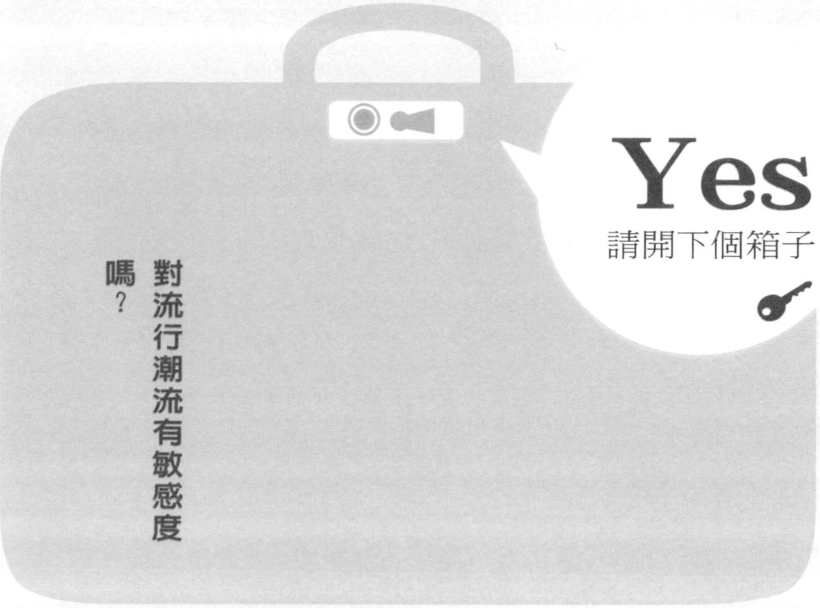
對流行潮流有敏感度嗎？
Yes
請開下個箱子

回答**No**的朋友,請對生活的相關潮流變得敏感起來。這些「資源」累積起來將與理財有關。

Key Word

【有人斯有財】

投資需具備迅速收集資訊的能力。這裡的資訊收集能力不一定單指看新聞或上網蒐資料。哪款車賣得好？哪家店門口排著很長的隊伍？資訊展哪個科技產品最有人氣？人們喜歡到那家銀行存款？這些都是企業的商機，也是股票賺錢的機會。到股市裡買股票當股東，不必去主導廠商要做什麼生意，只要你看到企業所推出來的服務或產品吸引人，當它的股東也能賺到錢。俗話說，有人斯有財，在股市完全適用。

Q10 常會順著靈感(直覺)走嗎？

收集股票的資訊，可以看見企業的好新聞和不好的新聞。看到好新聞，很多人當然會想「買這個股票試試」。如果是企業獲利比上一年有所下降的負面新聞，一般會想「還是別買這個了」。

順著靈感走 大膽一點

查看新聞進行股票交易是沒有錯。不過新聞通常只是一種參考。如果像上面那樣，看到好消息的股票就買，那麼是不是只要看到這則消息而買進的人誰都能賺錢呢？股票這種東西並沒有那麼簡單！

「股票是活的」。

股票交易按著某著既定的規則機械性的買賣完全行不通，也無法通過計算得出答案。這一點和人相同。考試成績優秀，平時的言行、健康狀況都很好的人並不一定在所有的事情上都能取得成功。

股票也是一樣，即使沒有負面新聞，股價圖的勢頭很好，但有時候很奇怪，這樣的股票自己要下手的時候卻覺得那裡怪怪的，總之就是心裡不安。

這種情況以我而言我會直接避開，因爲選擇「相信直覺」；相對的，有些股票研究了大半天也說不出具體的買進理由，但卻想要對著它操作。

就經驗上，如果一手是數據一手是靈感，最後選擇按著靈感交易股票的人是比較愉快的。其實，不只股票是這樣，成功的商人獲得巨大財富的人似乎都有某種直覺。

這個問題問得有點模糊，如果你不知道有沒有特殊的靈感也沒關係。通常也只有不多的例子是因爲第六感的操作而成功獲利的。

以上的10個問題，主要是讓投資新人想一想從前未想過的問題。

下一章開始，將進入股票投資的實際課程！

適合做股票嗎？自我檢測10

常會順著靈感（直覺）走嗎？
Yes
請開下個箱子

這是最後一頁。對所有的問題都回答YES的人，已經充分具備了在不久的將來投資成功的素質。

Key Word

【靈感與直覺】

靈感和直覺並不能靠訓練就具備。不過，成功的人很多時候都靠靈感和直覺。股票投資努力與數字的掌握當然重要，但有時也依賴說不出的直覺。但若再深入理解，會發覺有靈感的原因也是因為經驗豐富、有自信的結果。

Chapter 2

成敗比較篇

有人股票賺了錢

但也有人賠錢

不同在那裡？

股票投資

儘管帶著投機但它跟做生意一樣

需要靈活的頭腦與五力

當然還不能缺少認真

股票投資 成功與失敗的不同

股票投資不同於經營企業，因爲「風險」無處不在！

即使股價下滑 技巧的高低也有差異

同樣的市場，有人賺錢有人賠錢，關鍵點在那裡呢？

號子裡常常可以見到投資人熱切的討論自己這幾天賺了多少，但如果一筆、兩筆股票投資賺了錢就說自己「股票買賣相當成功」這是不可取的。優秀的投資人應該以「增加資產」爲目的的立場來看——

也許現在單筆股票買賣賺了錢，可是之後的股票買賣把之前賺的都賠進去了，致使資產大幅縮水，這不叫成功；另外，手邊所保有的股票價格比買進時的股價大幅下跌，即使沒有賣出，也不叫成功。相反的，單筆股票買賣雖然有好幾次的損失，可是與股票買賣大賺錢時相比都屬小損失，使得資產增加，這才稱得上成功。

因此，可以簡單的這樣說，以一小段時間的股票操作成績來定成敗是不正確的；沒有落袋爲安，徒有帳面上漂亮的數字也不算高手。

不打單一仗 目標是整體資產增加

另一方面，股票市場瞬息萬變，相同的市場情形並不會一直而且持續出現。多頭市場時，新手、老手都可以透過簡單的低買高賣獲利，若以爲這樣算「成功」尤其不可取，因爲若未能認清市場，在這種「成功」的時候加碼買進，可能過去所有的一切全被套牢在最高點。要成功的投資人不但要能夠應付「萬變的市場情形」還要有自己一套理財的策略，若將股市當成賭博市場，無法戒除也無法收、放自如，就很難成爲資產增加的贏家。

成功的交易者哪一些因素是必要的?思考這些因素是撰寫本書最主要的目的。

以增加資產為目標並磨練實力

小賠無所謂，總結要獲利

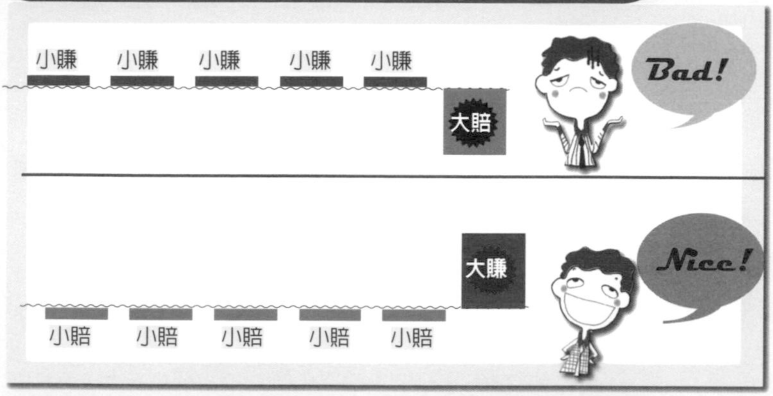

靠運氣不行，得靠實力

Key Word

【發行量加權股價指數】

以上市股票的發行量當作權數計算的股價指數，是國內投資人最關心的指數，也就是媒體上所稱的「大盤」。

由大盤指數的變動可以窺見國內股市當時的榮枯，整體股市表現好個股通常也不會差；如果大盤指數不強，個股要上漲也有限。

因應市場狀況改變策略

股價從來不會直上直下，它總像波浪一樣上上下下。

多頭行情時 策略就是買進、持有

當股票整體行情往上時，上漲行情的股票種類會比下跌行情的股票種類多得多，這時投資股市，即使不是天才，賺錢的可能性也遠遠高於賠錢。

所以，遇到了這樣的好行情，策略上就是要積極的購買股票。特別是在股價稍微下跌時也能果敢進場買股票的人，等到止跌回升，就有機會賺更多的錢累積資產。也就是買進這些股票之後，即使會因爲股價暫時性下跌有些損失，但是市場狀況好轉可期，持續持有這些股票反而可以大賺一筆。

所以，在多頭趨勢中行情暫跌時，投資人若能加碼買進更多股票，因買進的成本降低，當這些股票的股價再度上漲時，就可以賺更多。

所以，當行情看好時，像這樣的「一心一意儘管買」是股票賺錢的訣竅之一。

空頭行情採多頭策略 將受損失

但是，當市場行情趨勢轉變成下跌時，以同樣的操作手法買股票結果會大不相同。

爲什麼呢？

當市場全面下跌的情形時，下跌的股票種類會比上漲行情的股票種類要多得多。這種局面下購買股票，只會壓倒性的加速投資成本一再一再暴增的可能。

市場行情看淡時，即使股價下滑後再上升，這種上升的榮景並不會長久持續。所以很快的又會轉成下滑的局面，如果此時以爲股價便宜而進場加碼買進就會變成「套牢股」。

在市場全面榮景時採取「儘可能的買進、持有；股價下跌時是買進的

因應變化，採取不同操作手法(上)

股市行情看漲時

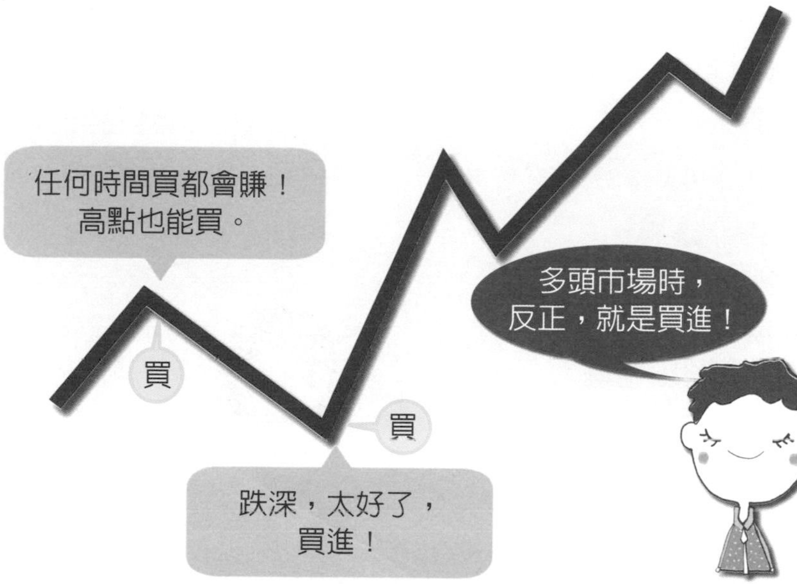
任何時間買都會賺！
高點也能買。
買
買
跌深，太好了，
買進！
多頭市場時，
反正，就是買進！

Key Word

【套牢股】

股價下跌賣不出去的股票。不認賠賣出的人，就容易被「套牢」。很多時候盡早認賠賣出後再重新規畫，才是聰明的抉擇。

好時機」，這是多頭市場的策略，若空頭市場也一樣操作，甚至寄望跌勢價位低時「攤平買進」，只會讓損失一直在膨脹增加中。

所以，因市場大趨勢不同，股票買賣策略也要有所差異。

模擬股市漲跌 提前做好因應劇本

說穿了想從股市中賺錢，就是想辦法在股票一買與一賣間取得「差價」，今天跟昨天股價比也許今天已經「便宜」很多，但這種「便宜」並不見得就是眞能撿到便宜的便宜！有可能同樣的情形在多頭市場是讓自己增加勝算的買進點，但若處在空頭市場反而是相對高點。

換言之，面對不同市場情況，投資人要選擇站在「多方」還是「空方」，如果是多頭市場，買在高點賣在更高點，賣完之後還繼續出現新高點是很正常的。試想，若選擇站在「多方」卻期待股價變便宜是很不合理的。因爲商品只有需要的人愈來愈少才會變便宜不是嗎？

像這樣，一邊觀察市場一邊模擬各種市況，想出因應策略是優秀投資人要做的功課。

info

多頭市場．空頭市場

證券市場之所以有交易，即表示有些人要買、有些人要賣。

當要買股票比要賣股票的人多時，股票價格就會上揚，這種多頭投資者居多數的市場即稱為多頭市場，反之，則稱為空頭市場。

而多頭市場又稱牛市；空頭市場又稱熊市。

因應變化，採取不同操作手法(下)

股市行情看跌時

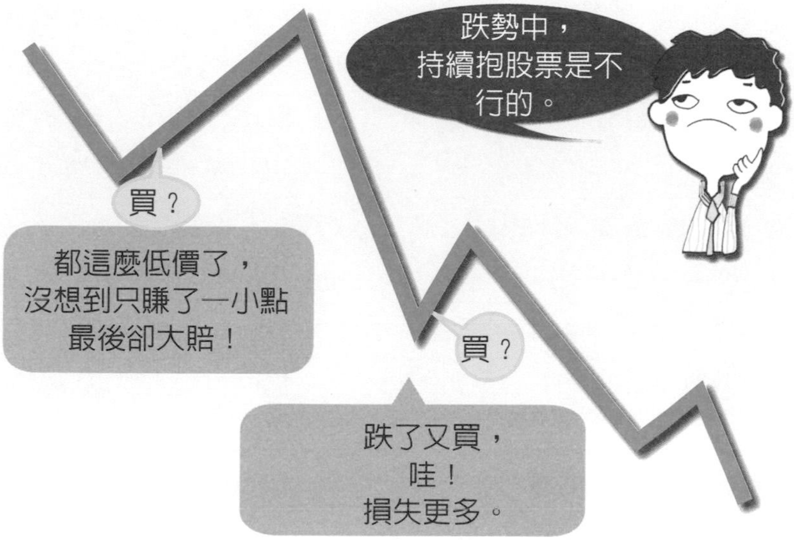
跌勢中，
持續抱股票是不
行的。
買？
都這麼低價了，
沒想到只賺了一小點
最後卻大賠！
買？
跌了又買，
哇！
損失更多。

Key Word

【攤平買進】

股票買了以後股價下跌時又再加買。一般認為跌了再買可以降低成本，不過常常越跌虧損就會越大。

行情雖然不易掌握但股票≠賭博

有場賭局只猜拾圓硬幣的兩面「10元」跟「大頭」，猜對者可以一起均分猜錯者的所有賭資。如果一起玩的人有五位，在機會均等的前提下，加入人數少的一組勝算較大。

例如猜「10元」的有四個人，猜「大頭」的只有一個人，如果大家都同樣賭資是1仟元，猜「大頭」獲勝了可以贏4仟元，輸掉就只輸1仟元。

認為「股票＝賭博」的想法相當危險

以賭博的遊戲規則看「加入人少的一方」比較有利！

有些新手投資人會誤以爲行情波動上上下下難以掌握，應該像賭博一樣「趁人氣渙散，股價下跌」時進入股市，如此獲利的機會比較大！就是有些投資書上也寫著，「買進股票的好時機是等待股價跌到谷底」在沒人氣時買最好！

雖然說市場眞正見底的時候，情景就是處在「沒人氣」氣氛下，此時「逆市」買股票，可以有相當大的獲利。

但是，現實的情形很難這麼做。而且可以說，這種做法就跟前面所提的賭博行爲很類似。

爲什麼呢？

當大盤行情還在下跌途中，撿便宜心態的投資人誤以爲行情已經到谷底了而進場買股票，結果失敗，這樣情形可能重複好幾次。最後，眞正的大谷底來臨時，因爲錢都卡在先前所購買的股票上，致使資金不足，此時即使投資人很有勇氣也看對市場敢於逆市而行，但是手頭資金已大幅減少，只能看大盤行情來到谷底，卻乏力承購。

所以，如果不是對行情很有把握的專家切忌「逆市而行」因爲投資不等於賭博，站在人少的一方不見得有利。

股票跟賭博有什麼不一樣？

賭博的情形

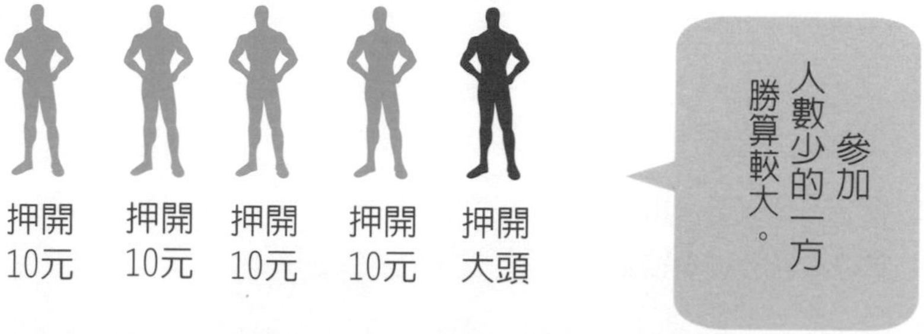
押開
10元
押開
10元
押開
10元
押開
10元
押開
大頭
參加
人數少的一方
勝算較大。

投資的情形

沒賺錢
走吧走吧！
沒人氣，
股價大跌！
趁沒人氣撿便宜，
小心會一再地被套到
籌碼愈來愈少，
等到真谷底出現，
也只能望股興！

Key Word

【做空】

預測股價會下跌時所進行的交易而「賣」自己手上沒有的股票，這時候因為自己手上沒有持股，所以就會借股票來賣。之後如果股價跟自己所預測的一樣下跌了，再以低價買進就可以賺到差價。

賺錢投資家的5項基本功

股票是門生意！經營前需具備以下五項基本條件：

與事業經營相同 股票經營也需五力

第一，資金力。最重要的還不是金錢多寡，而是金錢的素質。比起一般企業，投資股票更靈活，只要錢不是借來的、不是生活必需的，即使金錢只有兩仟、三仟元也能投資。

第二，掌握行情力。證券市場是由買方及賣方所組成的，之前所敘述的把握「現在的市場狀況」相當重要。

如果沒有企圖掌握現在市場情況的想法，當市場狀況已經改變了卻還重複不斷過去相同的股票買賣手法容易招致失敗。

比起一般生意，建立因應市場狀況的股票買賣策略是很重要的。

第三，策略執行力。股票變現力佳，但是實際上想買時就能以所設定的理想價錢買到股票並非容易。中長期投資者需要長時間的等待，有時情況不理想得果斷出清。

第四，執行停損力。執行「股價下跌到某個價位就認賠」的規則，並確切執行。

最後第五個要訣是對自己的資金運作有風險意識。

目前的損益爲何？之後還能容許多少的損失？也就是所謂的風險管理。如果能落實管理就不會發生損失慘重的事情。

總之，依據狀況決定計畫或規則要確實做到，結果及損益都在可容許的範圍內確切管理。這些事項程序都和商業上的管理並無兩樣。

所以，能在商場上成功的人，操作股票也較易成功。

成為會賺錢的投資人的5個重點

1 資金力

・自有的或成本取得很低的。

2 掌握行情力

・有辦法掌握資訊願意開始學習。

3 策略執行力

・總能謀定而後動。

4 執行停損力

・從長遠處著眼以全局為重。

5 風險管理力

・可承受相當風險以取得報酬。

商場上成功的人，股票投資也容易成功！

Key Word

【停損】

認賠賣掉正在下跌的股票。說起來很簡單，實際執行時其實是很難的。所以，有些投資人本來是進行短線交易的，因為下不了手停損，結果就被迫做長期投資了。

【風險管理】

賺錢的機會背後一定會有損失的危險性。有這種心理準備將損失的危險性控制在一定的範圍內，就是風險管理。

心理只想著賺錢的人，往往容易做出草率的決定。

網路下單 一邊上班也能賺錢

最叫上班族煩惱的股票交易就是時間，利用網路看盤、找股票、設定價位買賣，其方便的設計幾乎可以滿足所有需求。

善用網路 看盤選股

網路上有很多功能強大的免費股票資料，但既然要操作股票，最好還是選擇你所開戶的券商所提供的下單界面，如此從選股、看盤到下單一次完成最好。當然，就功能性而言，市面上付費的軟體比較完整，但價格不算便宜，除了一次性的設定費，每月還需要傳輸費。通常是很熟練股市操作的人才添購的「加強武器」，股市新鮮人第一步只要先把網路券商所提供的免費功能摸熟其實就已經很厲害了。

每一家的網路券商所提供的界面服務不太一樣，但基本功能大同小異，大略可分爲「市場訊息」「技術分析」「帳戶管理」。從市場訊息，投資人可以查看當天「國際行情」、「大盤指數」「投信、外資持股變動情況」……等等。更實用的還有每天的成交排行、價格漲跌幅排行。如果是上班族，還可以多多採用限價交易的設定，不需要一定盯著盤也能買賣股票。

網路的帳戶管理功能，可以讓投資人了解交易每檔股票的進價、出價、手續費與稅金。

網路下單手續費便宜 勝算變大

除了方便之外，利用網路下單手續費通常是現場下單的六折以下，有些券商爲了搶客戶還有低到2.5折甚至還有1折的，對於短線進出頻繁的投資人，雖然手續費不是什麼大錢，但日積月累也是一筆很可觀的數字。不過，網路券商的好壞還是要多比較，便宜只是選項之一。

善用網路券商的服務！

（本頁圖以「台證大三元」為例。）

國際行情

亞、美、歐洲各國股市情況一目了然。

超強線形

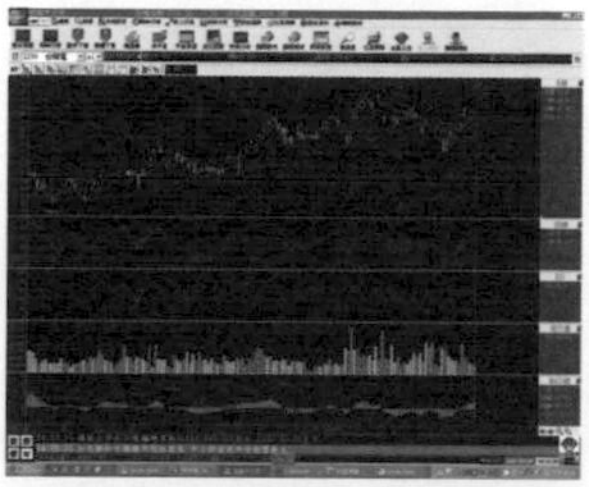

K線、成交量與各式計量化指標。

下單設定

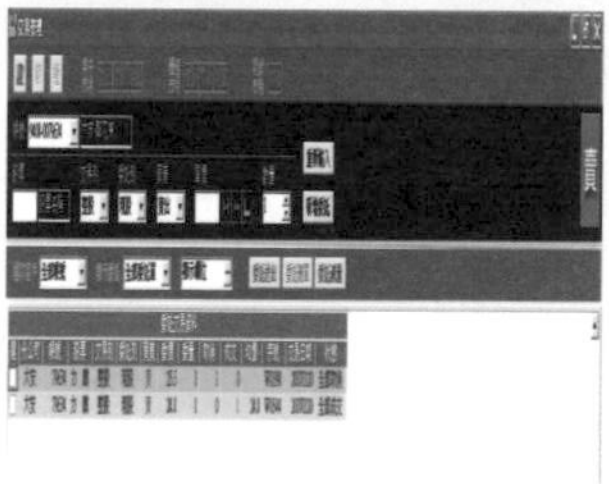

可以於非交易時間設定好下單價位。

行情顯示

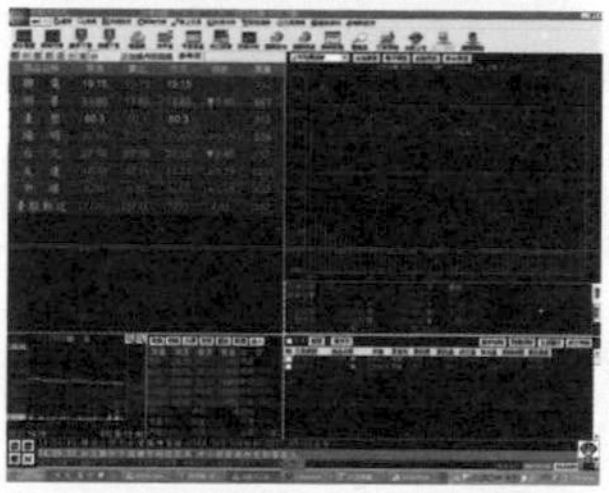

設定自選股組合、即時行情。讓家就是看盤室。

帳務管理

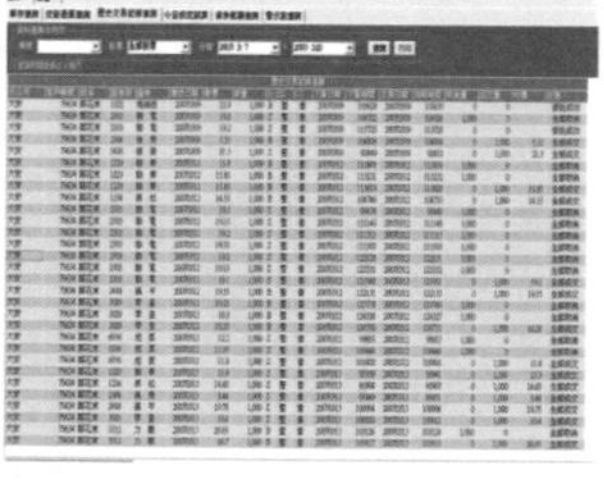

按照日期隨時查看自己的交易情況。

即時新聞

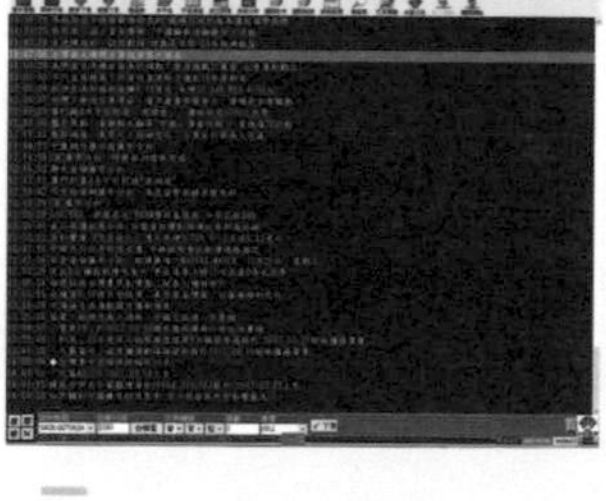

影響股市的即時國內外新聞隨時更新。

Chapter 3

基礎看圖篇

比起閱讀財報
看線圖容易上手得多
但可別誤會這不是走捷徑
雖然股價圖也有弊端
卻是進出交易的依據
別嫌它有點小複雜
先把基礎學懂了再說

K線圖 提供的股價資訊

股市投資看股價圖必不可少。如右圖所示，一張股價圖最基本能同時看到K線、移動平均線、成交量。

K線 投資人必學看盤工具

股價圖中最普遍的是K線，它顯示一定期間的股價變動。

一根K線顯示一天的股價變動稱爲日K線，顯示一周股價變動的叫周K線，顯示一個月股價變動的叫月K線，顯示一年股價變動的稱年K線。

其他還有採用一分鐘、五分鐘、……三十分鐘等畫出來的盤中即時K線。

一般說來，計畫買賣投資的時間愈長，參考的K線圖就採愈長時間的，例如，長期投資者一定會看年K線與周K線；若做中短期投資的人則會參考日K線、周K線；對超短線或當沖、當周沖的投資人除了日K線外，時K線、1分鐘K線、5分鐘K線也是必看的工具。

代表上漲的陽線 代表下跌的陰線

K線有實體和影線兩個部分。實體顯示該期間內的初(開盤)價和終(收盤)價。終價如果高於初價，那麼實體的下端是初價，上端是終價，稱爲陽線。

終價如果低於初價，那麼實體的上端是初價，下端是終價，稱爲陰線。

股價上漲的陽線給人以明朗的感覺，通常是用白色、紅色、橘色，股價下跌的陰線給人以黑暗的感覺，通常是黑色、綠色表示。

在實體上方突出的影線（上影線）最上端是當天的最高價，實體下方突出的影線（下影線）最下端是當天的最低價。不是所有K線都有影線。有的K線沒有影線，也有的只有上影線或只有下影線。比如，開盤價和最低價如果一致，就沒有下影線。

這就是股價圖

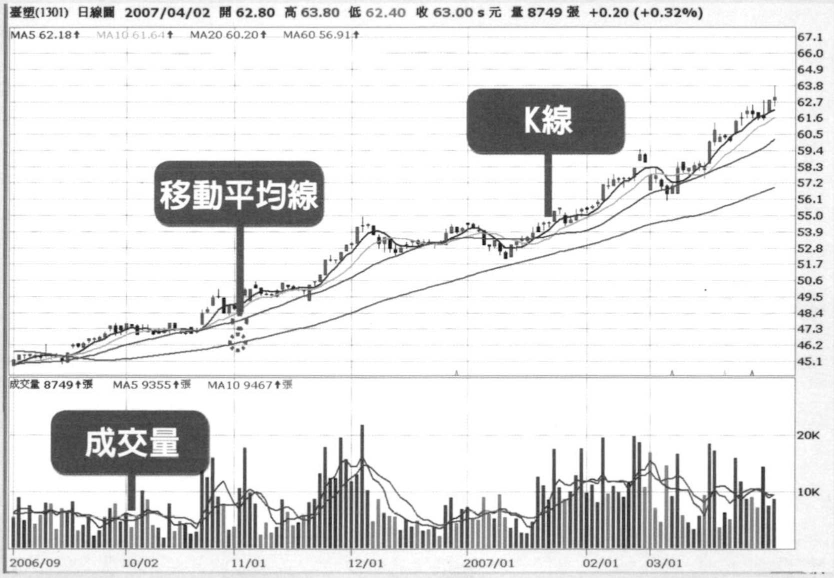
臺塑(1301) 日線圖 2007/04/02 開 62.80 高 63.80 低 62.40 收 63.00 s 元 量 8749 張 +0.20 (+0.32%)
MA5 62.18 MA10 61.64 MA20 60.20 MA60 56.91
K線
移動平均線
成交量 8749張 MA5 9355張 MA10 9467張
成交量
2006/09 10/02 11/01 12/01 2007/01 02/01 03/01

分價圖

分價圖表示在不同價格帶的成交情況。

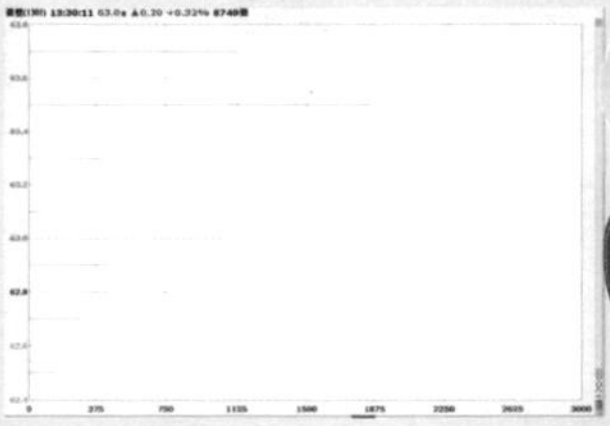

在63.5元成交量最大，約1800張！

Key Word

【移動平均線】

以股價的平均值所繪製，更平穩顯示實際股價趨勢的線形圖。例如，過去5日的平均，就稱為「5日移動平均線」。

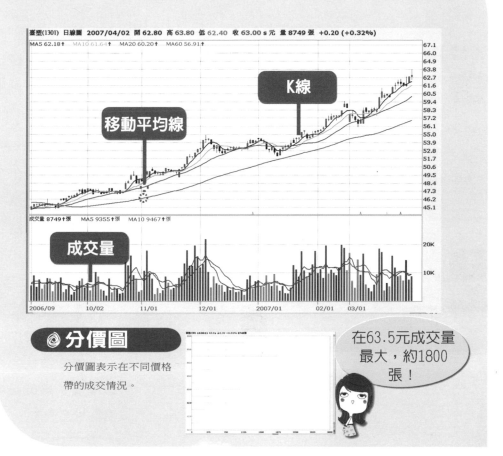

K線的繪製步驟

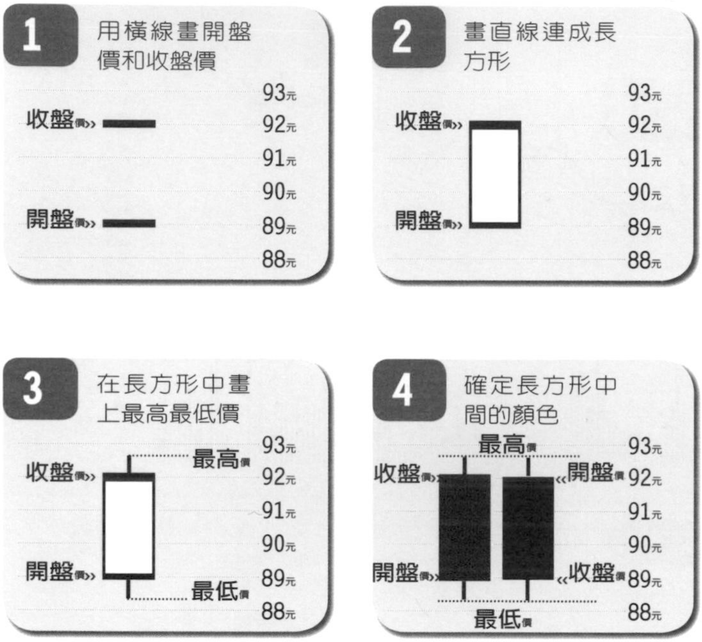
1 用橫線畫開盤價和收盤價
收盤價
開盤價
93元 92元 91元 90元 89元 88元
2 畫直線連成長方形
收盤價
開盤價
93元 92元 91元 90元 89元 88元
3 在長方形中畫上最高最低價
最高價
收盤價
開盤價
最低價
93元 92元 91元 90元 89元 88元
4 確定長方形中間的顏色
最高價
收盤價
開盤價
開盤價
收盤價
最低價
93元 92元 91元 90元 89元 88元

info
價格用語

開盤價/收盤價
一段時間交易中最初的股價稱為開盤價，結束時交易時股價稱為收盤價。

最高價/最低價
一段時間交易中最高的股價稱為最高價，最低股價稱為最低價。

K線濃縮了一段時間內的股價變動，也顯示了投資人的心理變化。例如，有一個沒有影線的日K陽線。看這根K線，就能明白當天股價一直處於上漲基調中。

並列這些一根一根的K線描繪出來的股價圖，對於抓住股價流向非常重要。前文提過常用的K線有日K線、周K線。看股價圖建議首先看周K線。通過周K線可以把握股價大體的趨勢，然後查看日K線，思考具體的交易時間。其實，不管是什麼時間段的K線，判別方法都差不多。有了自己的交易策略就能選擇要看的股價圖了。

資料頻率不同，記錄股價圖表有很多種：

TICK圖

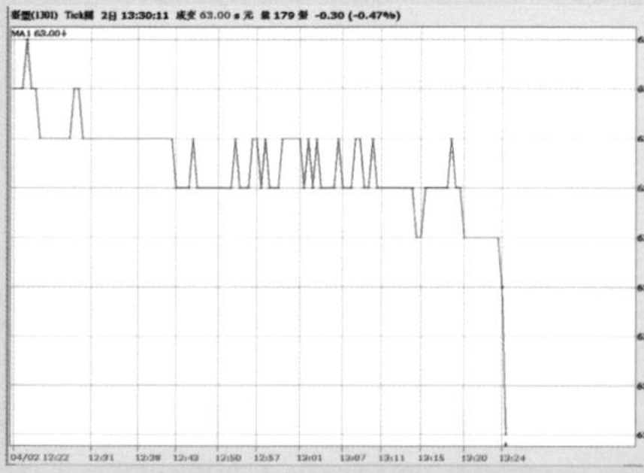

・ 像時鐘滴答滴答一樣，把每筆交易都記錄下來。

1分鐘K線圖

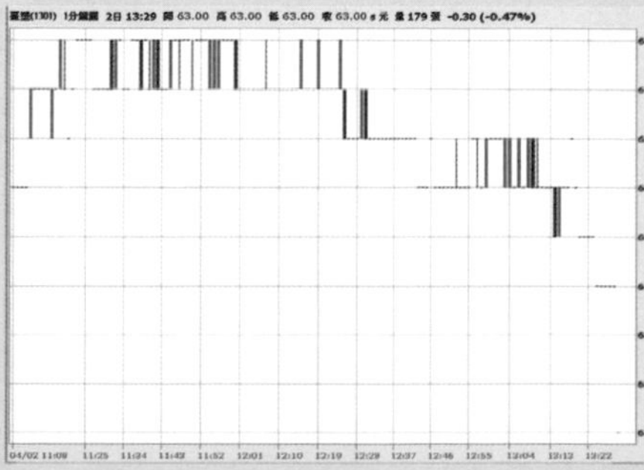

・ 每1分鐘的開盤價、收盤價、最高價、最低價畫成一根K棒。

60分鐘K線圖

・ 每60分鐘的開盤價、收盤價、最高價、最低價畫成一根K棒。

週K線圖

・ 每1週的開盤價、收盤價、最高價、最低價畫成一根K棒。

通過「缺口」研判股價的變動

接下來的兩節，將針對股價圖中的「缺口」和「影線」進行說明。

一般來說，在沒有很特殊的情況下，股價的變動大都是連續進行的，但實際觀察股價圖，卻會發現相鄰的兩根K線之間，有時出現沒有交易的空白區，這就是市場上常聽到的「缺口」(也有人叫「跳空」)。

例如第二天的最低價高於前一天的最高價，兩根K線之間就會出現空隙，稱之爲向上跳空；有時候則會出現第二天最高價低於前一天最低價的向下缺口也就是向下跳空。

出現「缺口」意味強勢趨勢出現

如果是向上跳空，說明了前一天股價和第二天的股價沒有重疊且股價一下子上漲了。這種情形意味著上漲趨勢可能來臨；相對的，向下跳空意味著股價調整或下跌。

簡言之，除了股票每年的派息、配股或增發等因素使得股價因重新計算而形成的除權缺口外，只要出現缺口，說明上漲(下跌)勢頭很強。此外，K線出現缺口通常有「回補」的特色。

不過，判斷K線缺口是否回補還得看缺口的位置與資料頻率，周期越長，效應時間就愈長，例如，年線圖上的缺口回補效應就比月線圖效應長，而60分鐘K線、5分鐘K線所出現的缺口回補週期就更短了。

歸納起來，跳空缺口有以下四種類型——

①普通缺口 短期回補缺口

普通缺口：在交易頻繁的股票中所造成的缺口，常常只是因爲單純的買氣過強或賣壓過重所形成的股價劇烈變動。根據統計機率算，普通缺口短期內股價就會回到這個區域。稱之爲回補。

普通缺口與回補

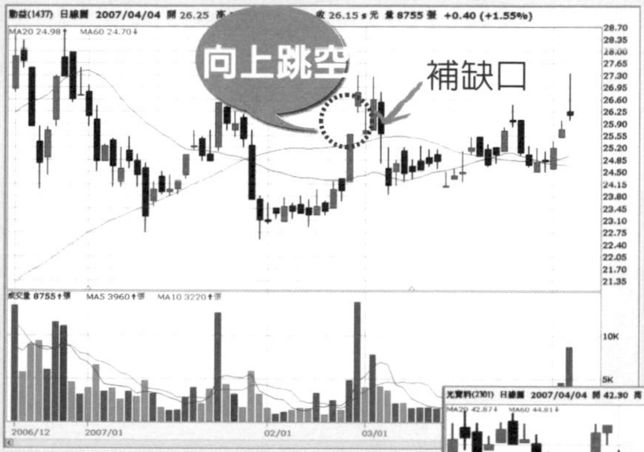

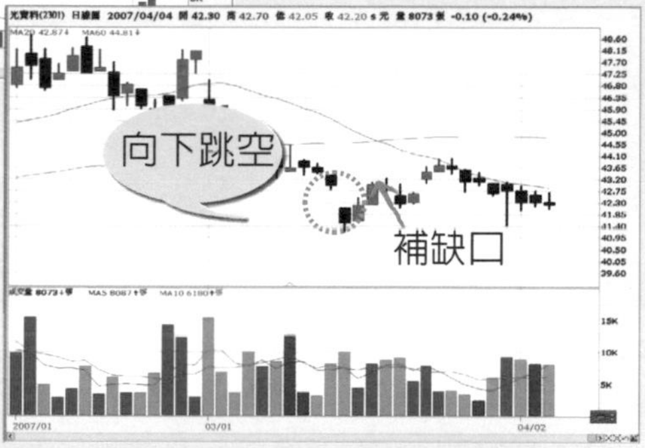

出現跳空，常常會出現股價補足缺口後再繼續上漲或下跌，但並不是每一次跳空必補。也有很多例外。

Key Word

【除權與除息】

假設某甲股票2007年每股分派1元股票股利，除權前一日收盤價為66元，除權後的開盤參考股價則為

$$\frac{66}{1+0.1} = 60元$$

假設某乙股票2007年每股分派現金股利1.1元，除權前一日收盤價為66元，除權後的開盤參考股價則為

66-1.1 = 64.9元

所以除權除息前後股價圖上會有一個缺口。

②突破缺口 標示趨勢方向

突破缺口：突破缺口一般出現在重要型態已經完成了，股價以跳空方式標示趨勢的方向。

突破缺口出現後，股價可能會快速脫離既有整理型態與當時的成交密集區。

其特色是缺口形成後，3個交易日甚至更長的時間內也不輕易回補。所以，要判斷是普通缺口還是突破缺口不可過早下定論。

③持續缺口 助漲助跌

持續缺口：股價在明顯的趨勢中途出現跳空而形成持續缺口。

以向上的持續缺口為例，它的出現在於投資人見漲勢確立，站在多方的投資人怕股價一口氣上升有「再貴也得快買」的急迫感；另一面，對於手裡已經持有融券的空方投資人，急漲的情形對他們壓力很大，必需快速補回股票以減少損失。因此，當多方與空方的投資人都有那種「說什麼也要買進股票」的急切感時，價格對他們而言就不重要，即使比昨日最高價還高也要買進的心理一產生就容易造成跳空開高的缺口，這種情形所造成的缺口就稱為持續缺口。

相反方向的持續缺口也一樣。

因為持續缺口有助漲助跌的情形，所以，缺口不輕易回補。

④竭盡缺口 趨勢結束或反轉

竭盡缺口：竭盡缺口形成的因素，通常會在一個大波段漲（跌）勢的末端。

以漲勢的情況為例，因為股價快速上漲，短線的人進場搶短，而空方見漲勢確立也不敢大意，只能回補以減少損失，使得買氣突然大增，但也有人想獲利了結，使上漲的過程中，伴隨著高成交量，這種情形一旦買氣消失，股價就迅速回跌。

竭盡缺口有多頭與空頭均使盡力

缺口的三種情形

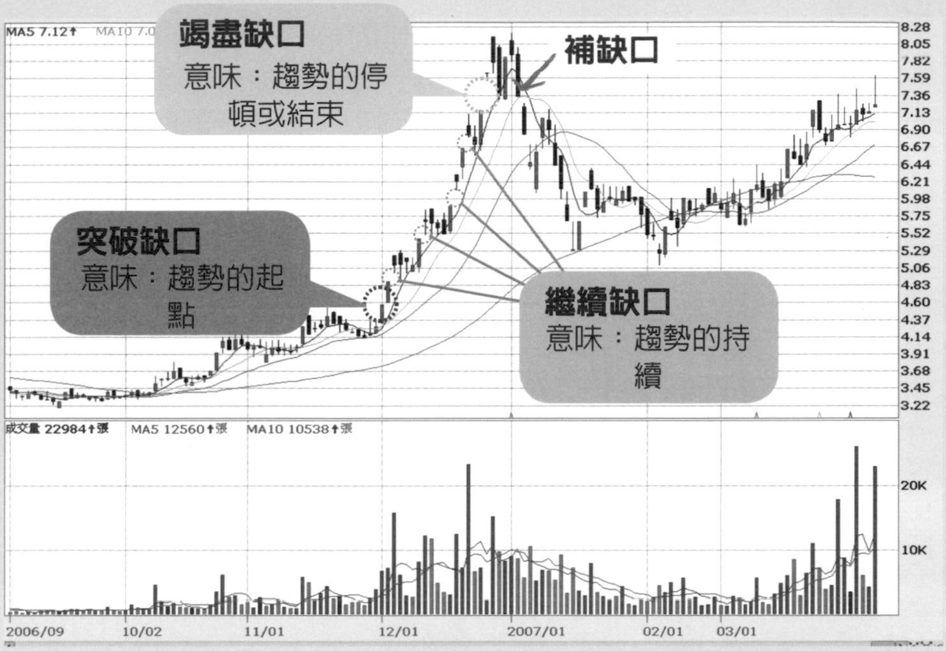
竭盡缺口
意味：趨勢的停頓或結束
補缺口
突破缺口
意味：趨勢的起點
繼續缺口
意味：趨勢的持續
MA5 7.12
成交量 22984張　MA5 12560張　MA10 10538張
8.28
8.05
7.82
7.59
7.36
7.13
6.90
6.67
6.44
6.21
5.98
5.75
5.52
5.29
5.06
4.83
4.60
4.37
4.14
3.91
3.68
3.45
3.22
20K
10K
2006/09
10/02
11/01
12/01
2007/01
02/01
03/01

Key Word

【重要型態】

型態是根據過去歷史股價變動的趨勢圖，研判股價未來可能的變動情形。重要的股價型態像是頭肩型態、W底M頭等等。

【融券】

手中沒有股票，但看壞個股想要透過高賣低買的方式賺取差價，投資人可以向證金公司先借出股票，並繳交一定成數的保證金給證金公司，之後再買進股票還給證金公司。

氣的意義，也代表著股價即將反轉。

突破缺口出現，在極端的情況下，會出現2個以上的持續缺口，當趨勢行情即將結束而出現竭盡型缺口。

竭盡缺口與突破缺口、持續缺口不同，一般說來都會很快的回補(2到5個交易日)，同時，在形成竭盡缺口的當天或第二天成交量通常很大。投資人一旦看到了竭盡缺口，就可以預測應該是既有市場趨勢的結束或新整理型態的開始。

缺口的行情判別

普通缺口對實際操作的指導作用不大，有關缺口行情分析時，要留意以下幾點：

1.從突破缺口到竭盡缺口的出現，反應的是市場多、空力量由產生、形成到消失的一段轉化過程。算是多頭行情明顯的訊號，如果跳空沒有回補，屬於強勢型的行情，股價多半會再往上推升；相對的若跳空三日內回補，表示之前盤整的籌碼在上面已經賣出了，可視爲由多轉空的一種訊號！

2.突破缺口意味著行情漲(跌)的開始，缺口愈大表示之後的行情趨勢就愈強。值得注意的是，向上突破缺口需要交易量配合，若是向下的突破缺口則不需考慮成交量。

3.缺口是由於多方與空方極端心態所造成的，隨著市場刺激因素將慢慢被消化。

大體說來，缺口即使沒有立刻回補也會被隨後而來的次級行情封閉掉或在下一輪的中級行情回補。

簡單的缺口判別法

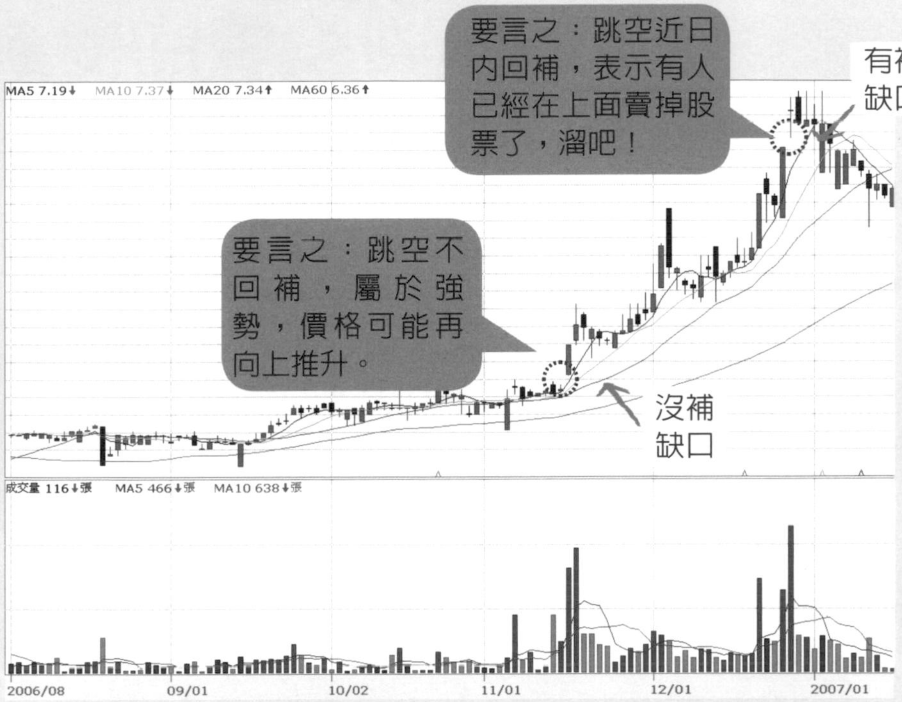
要言之：跳空近日內回補，表示有人已經在上面賣掉股票了，溜吧！
有補缺口
MA5 7.19↓ MA10 7.37↓ MA20 7.34↑ MA60 6.36↑
要言之：跳空不回補，屬於強勢，價格可能再向上推升。
沒補缺口
成交量 116↓張 MA5 466↓張 MA10 638↓張
2006/08
09/01
10/02
11/01
12/01
2007/01

竭盡缺口不一定必然反轉，但意味著既有的趨勢將告一段落，先出脫持股觀望比較保險。

Key Word

【軋空頭】

指的就是：投資人以為股價已經超漲了而進場放空股票，但是股價並沒有跌下來，反而繼續往上漲，迫使融券放空者必須回補買進股票。

【多殺多】

可以說成是多頭自相殘殺的意思。比方說，現在有一檔股票從20元漲到60元，當多頭開始有人覺得漲太多而拋出手上持股(第一個多)致使股價跌到50的時候原本在60元買進股票的人就會因為恐慌跟著殺出持股(第二個多)，這種情況還有可能持續下殺，就看持股信心決定會多殺多到哪裡。

通常發生在急漲之後吸引許多短線投機客、籌碼凌亂的個股中。

通過「影線」研判股價的變動

K線是由開盤、收盤、最高價、最低價所畫成的線段。中間胖胖的地方就叫「實體」，上下細線段稱為上影線與下影線。

影線長度表示投資人信心動搖的心理狀態

不管當天實體是陽線（漲）或是陰線（跌），上影線越長代表股價一向上漲時，就有很多投資人賣出股票，使得股價上漲的力量受到賣方的抑制而無法繼續上漲。因此，簡單來說上影線就是表示意圖要賣股票的人。

下影線的部份就是代表股價一跌就有投資人願意逢低買進的部份，讓股價無法再跌下去，甚至可以再回升，這個回升的部份就形成下影線。也可以說下影線就表示願意買股票者。

另一面來講，影線可以表現投資人因為欲望和焦慮而動搖無法正確評價股價的心理狀態。

在高價出現實體短的長上影線後，很有可能意味著股價沒有繼續上漲的餘地。在低價出現實體短的長下影線後，意味著沒有繼續下跌的餘地。

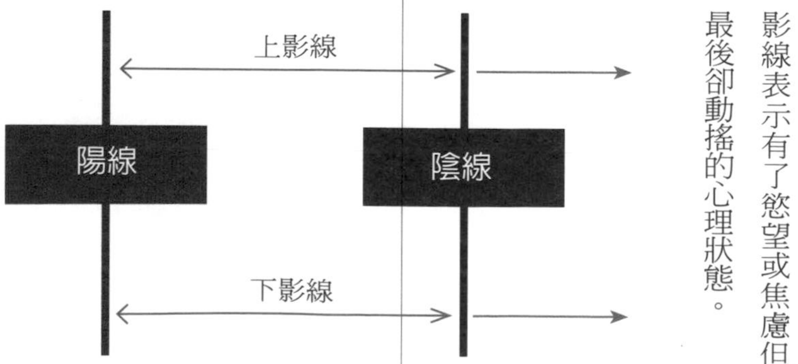
上影線
陽線
陰線
下影線
影線表示有了慾望或焦慮但最後卻動搖的心理狀態。

上、下影線的行情趨勢

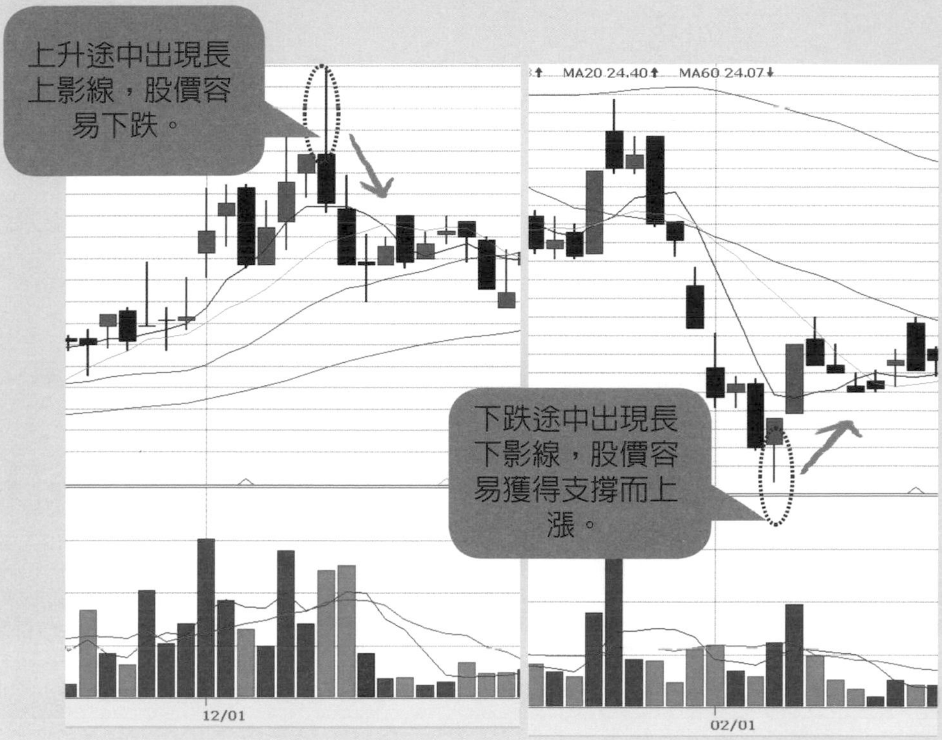
上升途中出現長上影線，股價容易下跌。
MA20 24.40
MA60 24.07
下跌途中出現長下影線，股價容易獲得支撐而上漲。
12/01
02/01

Key Word

【K線的由來】

據說，K線是日本德川幕府時代用來記錄米市的工具，它的最大優點是能客觀的將行情的變動記錄得很清楚，當它被用在股價的變動記錄時，K線不但能表達出投資人心理的趨向，也能從中看出投資人不安、迷惑的心情。

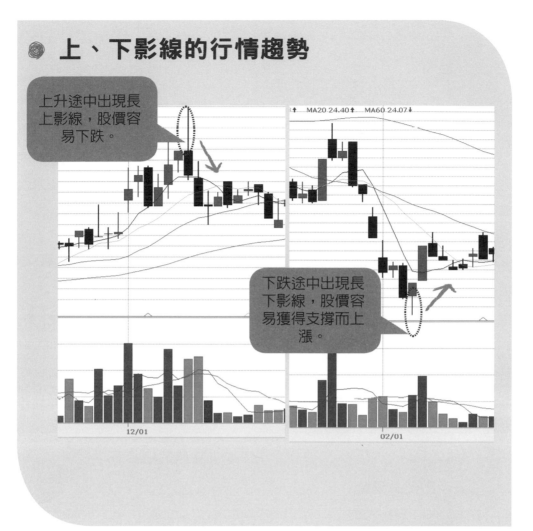

轉為上漲模式的K線形狀

參與股市交易，不認識K線是不行的，從網路或其他的投資書上有關K線的介紹很豐富，從中可學習到一根K線、兩根K線甚至是數根K線推斷目前的市場心理與買賣供需關係，但對於初學者而言，一口氣要學習那麼多的圖形，往往令人望而生畏，所以，本書從最人性化最好記的方式解釋K線，讀者只要先把這些K線的原則想通了，再自行進階到複雜的變化型就容易得多了。

①長紅線 表示激烈的漲勢

長紅線：

K線有很多有趣的名字。例如，這種長長的一根未帶任何影線的紅K棒，有人又稱它為「光頭大陽線」。

這種K線表示從交易開始到結束，股價都在一直上漲。

在一般情況下，投資人買進股票後當股價上漲到一定程度，想賣掉確保利潤的投資人會增加。但出現光頭大陽線表示很多投資者認為未來還會進一步上漲，所以即使價格一路攀高，還是有人願意用高一點再高一點的價格承接。所以，它被視為繼續維持漲勢的K線類型。

長紅K線出現在低價圈，就是股價上漲的信號。如果出現在上上下下浮動的整理行情中，長紅線以突破之勢帶量上攻，行情一樣樂觀可期。

②十字線 表示盤面待變

十字線：

開盤價和收盤價相同。此時實體已經萎縮成為一條橫線。代表猶豫和不確定的人很多。出現十字線表示買主和賣主對未來趨勢很迷茫。

十字線很多時候會表示行情的轉捩點。

如果出現在低價圈，那麼極有可能轉入上漲。有人稱這種低價圈的十字線為啓明星，代表底部訊號出現；

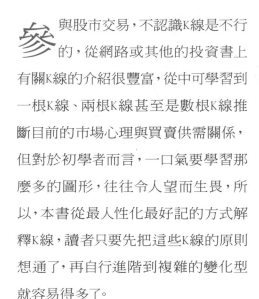

有希望上漲的三種K線模式

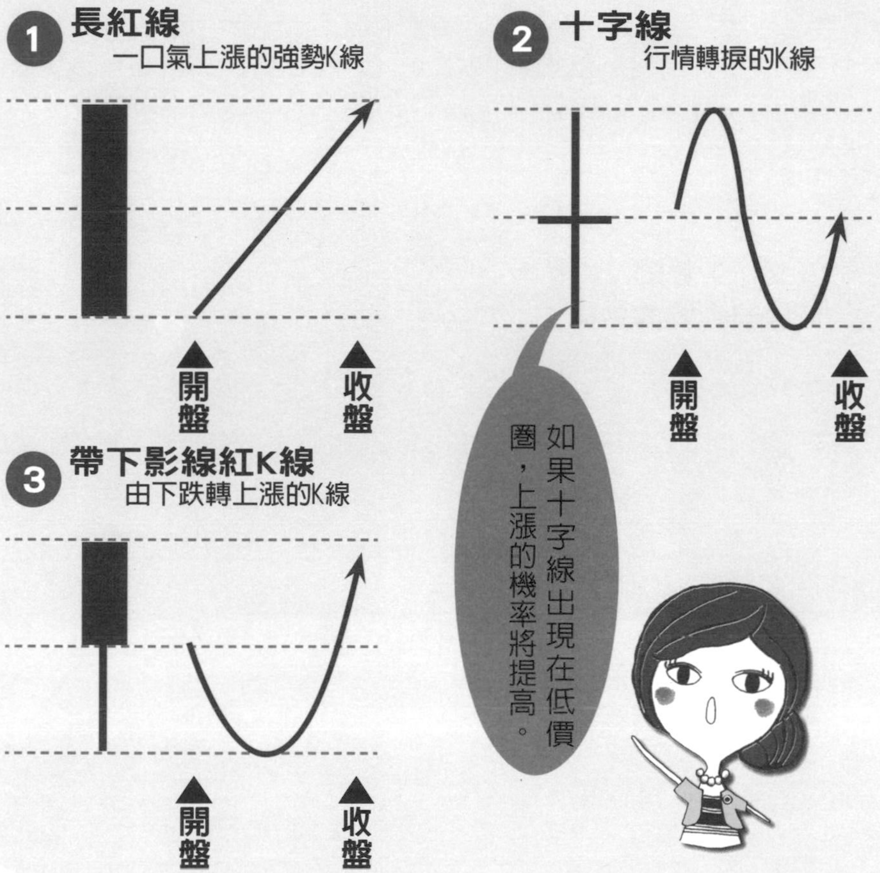
1 長紅線
一口氣上漲的強勢K線
開盤
收盤
2 十字線
行情轉捩的K線
開盤
收盤
3 帶下影線紅K線
由下跌轉上漲的K線
開盤
收盤
如果十字線出現在低價圈，上漲的機率將提高。

Key Word

【賣壓】表示想賣出股票的能量。「賣壓大」表示想賣出股票的人很多。

若十字線出現在高價圈，就稱爲夜明星，代表頭部出現的訊號，也就是股價即有可能下跌。

③帶下影線的紅K線 先跌後漲買盤強勢

帶下影線的紅K線：

沒有上影線，但下影線很長的K線表示先跌後漲，而且買盤佔上風。

如果在低價圈，出現帶下影線的紅K線之後也極有可能上漲。

長下影線表示的是 狼狽賣掉和購買新勢力

帶下影線的紅K線出現後，投資人的心理是什麼樣的呢？

長下影線表示交易期間股價大幅下跌。對暴跌驚慌失措的投資者不想再承受損失，會進一步賣出股票，一般說來，一波信心不足的投資人賣出股票後將引發另一波沒有信心的投資人也賣出股票，但是這種狼狽賣掉的情形一旦結束，下跌就會停止，在此之後還想賣掉股票的人就不多了；接著，因爲價格低，認爲在這裏買進可以收回利潤的投資人開始進場，如此就出現長下影線。

這個階段因爲賣出的能量變小，新的購買勢力出現，所以之後股價極有可能上漲。

不過，出現下影線也有可能想賣的投資人沒有賣完。所以即使股價回升，還是可能受賣壓壓抑無法快速順利上漲。但若出現在低價圈，還是有高機率上漲的。

從K線讀出投資者的心理

(以帶下影紅K線為例)

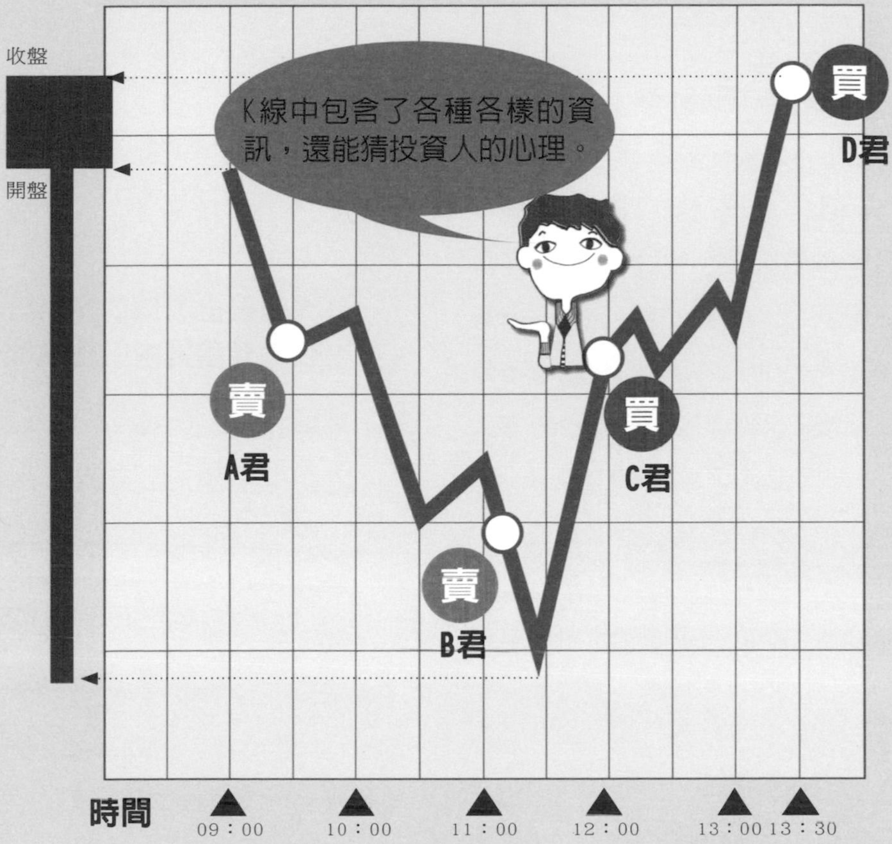

09：30

A君型投資人

看到早盤下跌，心想跌得那麼慘，看來是沒希望了，停損出場吧！

所以：賣！

11：30

B君型投資人

急劇下跌，看來，所有的人都不看好，早賣早好，全部殺出吧！

所以：賣！

12：00

C君型投資人

買進的投資人慢慢增加了，風向有改變的可能，我應該進場布局！

所以：買！

13：30

D君型投資人

之前行情見底，現在人氣回籠，是有人布局吧，就要漲了！

所以：買！

轉為下跌模式的K線形狀

未來行情有可能轉入下跌的K線也有好幾種形狀。

不過，只要不是把目標放在短期差價的投資人，找下跌模式就沒有找上漲模式來得重要！爲什麼呢？因爲就股票交易的策略而言，賣出價不是由買進後的K線決定的，較好的方式是由「每次投資目標利潤率」來決定。(請參考「股票初見面——長期投資」一書。)不過，若從找好買點與好賣點的角度看，兩者都很重要。如果出現如下K線，就意味著暫時不宜買進。

①長黑線 表示激烈的跌勢

長黑線：

和先前所講的長紅線具有對比性，指沒有影線的陰線。

表示從開盤到收盤爲止一直下跌，出現這個K線之後股價還是極有可能下跌。

長黑線也代表行情的結束或產生關鍵性的扭轉。例如，在恐慌性的急速趕底行情中出現長黑線容，有時反而是反彈或回升的訊號。

②帶長上影線的黑K線 在上升趨勢中的空頭線形

帶長上影線的黑K線：

更精確點說，如果在上升趨勢中，出現上影線的長度在實體的2～3倍，之後股價下跌的徵兆就很明顯。

對已經大幅上漲的股票，認爲「這個股很有勁頭，再買進好像還能賺」，於是投資人紛紛買進。緊追其後的投資人看見股價漲也跟著買進，於是股價進一步上漲。但買進後的投資人在買進的瞬間卻變成賣出的投資人。尤其很多在高價圈買進的投資人想馬上賣掉獲利了結。股價上漲後，爲確保利潤而賣掉的股數增多。和買進的股數不相上下，於是上漲停止，股價開始轉入下跌。

在這種情況下，投資人看到價格

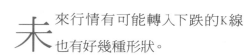

有下跌危險的三種K線模式

❶ 長黑線
一口氣下跌的強勢K線

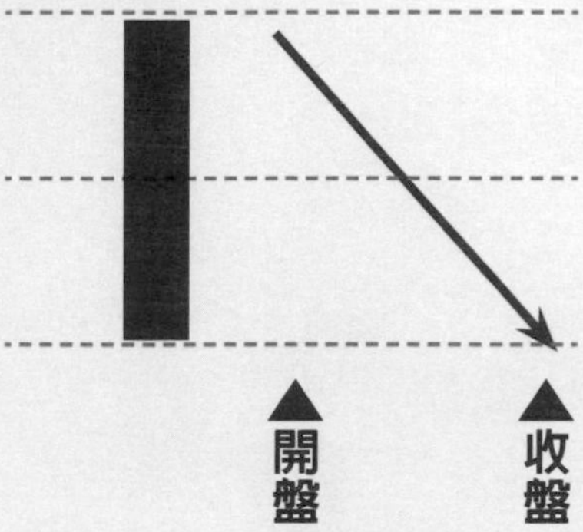
開盤
收盤

❷ 帶上影線黑K線
漲到中途沒力上漲，跌！

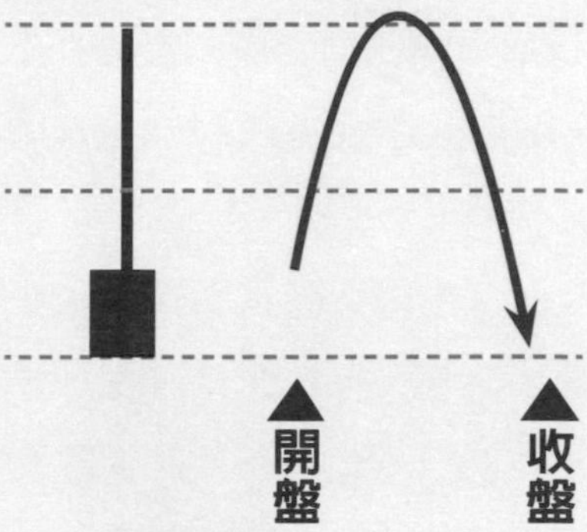
開盤
收盤

❸ 三天連續大漲
暴漲將有暴跌，尤其連三天要更小心

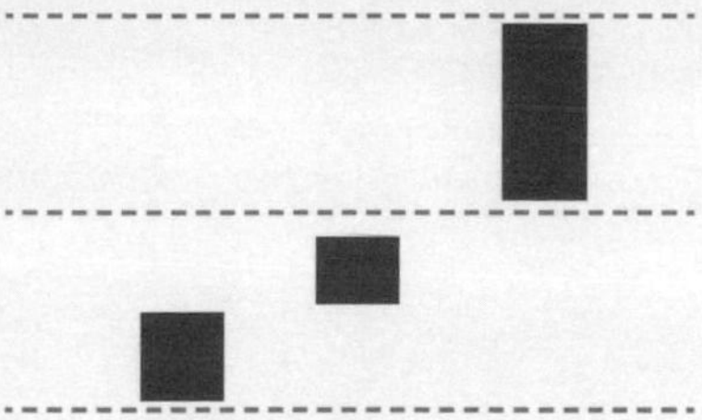

股價總是怎麼來怎麼去，尤其是連著三天以上大漲，更要小心。

Key Word

【現貨股】不是信用交易，指普通交易中買進的股。

【開盤】當天最早成立的交易。

【收盤】當天最後成立的交易。還指交易結束時。

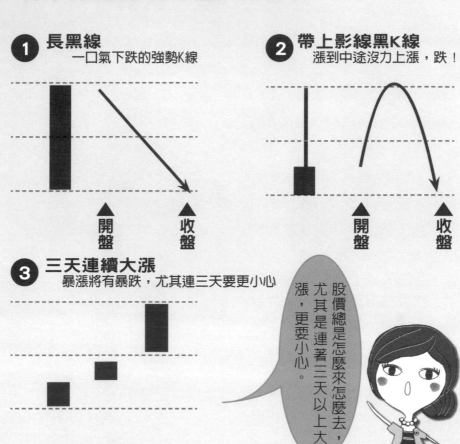

跌了，爲了怕虧損而賣出於是引發更多人的賣出，股價暴跌，結果就出現長上影線。

在盤中假突破創新高，收盤時因爲遇到賣壓，無力據守的長上影線K線又被稱爲「流星」，代表賣壓很重。

③三天以上連續大幅漲高 有高檔出貨的可能，跌！

三天連續大幅漲高：

人們常說股票市場中暴漲股上漲後第三天會一下子下跌。這不只是「傳言」而已。「三」的數字在K線中常被當成是一個指標性的數字，大體上投資人可以把它解讀成爲「連續」的意義，也就是連續大漲三天(尤其是跳空上漲)就可能是行情反轉的時候。

其實，不止是「三」，有時候是「五」或「八」，例如，強勢上漲跳空三天(或五天或八天)下跌的機率會比較高。

此時，通常第三天會出現長上影線的K線。如果上漲勢頭強，可能第三天也會出現沒有影線的陽線。

這種情況下，很多時候會從第四天開始轉入下跌。因爲這裏有一部分的人會爲了確保利潤而賣股票。

這樣的股價圖多半會出現在上漲初期，而且，常常在一到兩天的短期內調整後會結束。

在實際股價圖中檢驗價格變動

長黑線

出現長黑線，行情再次下挫。

帶上影線黑K

上升途中遇到帶上影K線，漲不上去。

連續大漲

跳空
跳空
跳空
急漲勢必有跌的危險。

從股價圖形狀瞭解趨勢轉換！

前文針對單一根K線對行情的記錄做了說明。這裏介紹股價圖構成形狀所代表的意義。除了本書所介紹的幾個重要型態之外，讀者可參考「股票初見面——短期交易」一書，有更詳細的趨勢型態。

W底是轉入上漲的標誌！

首先第一個是市場上很常聽到的W底也稱爲雙重底。初學會看K線型態的人很喜歡找出它，因爲若眞是打了結實的W底，之後的行情，往往在兩倍以上漲幅(參考右圖)，找到這種圖形後，在趨勢確認初期買股票，要賺到上漲兩倍的行情一點也不難。不過，有很多圖形早期看起來很想是W底，但最後發現它只是一般上面有壓力、下面有支撐的整理型態。因此，不能單純的由K線趨勢看，應該配合量的變化。如果股價第一波跌勢在某一低點反彈，再一波跌勢再反彈，如此第二次價格反彈點高於第一次的價格反彈點，而且成交量大於第一波的反彈準確度就比較高。

另外，個股也常因傳出令人激勵的好消息而加速W底的形成，W底形成後，很多投資人會認爲下跌將要停止，於是賣出的人減少，買進的人增加。

一般說來股價下跌不到前一次的低價就停止，投資人就會產生一種「已經到底」的感覺。當大多數的投資人漸漸認爲「已經沒關係了」，大家一起放心買進後，股價就眞正開始上漲。

三重底是轉入上漲的標誌

W底是形成兩個波谷，也有的形成三個波谷。稱爲三重底。

三重底中的三個波谷，其中中間的波谷（第二個波谷）是最低的。

左右波谷中，第三個波谷還不到第一個波谷附近就停止下跌，意味著

股價圖形轉入上漲的兩種模式

W底

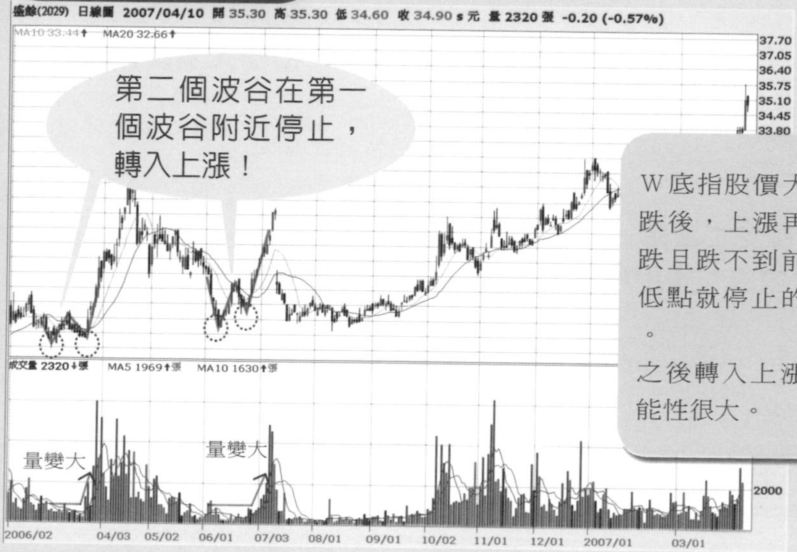

W底指股價大幅下跌後，上漲再次下跌且跌不到前一次低點就停止的形狀。

之後轉入上漲的可能性很大。

三重底

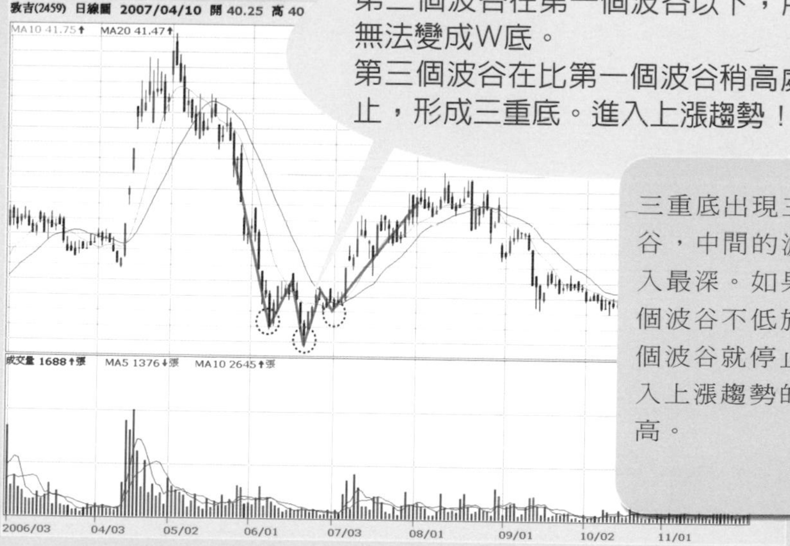

三重底出現三個波谷，中間的波谷陷入最深。如果第三個波谷不低於第一個波谷就停止，進入上漲趨勢的機率高。

之前讓股價下跌的原因可能已經不再有了，因此，投資人將產生「不會再往下跌」的共同意識，從下跌趨勢轉入上漲趨勢的可能性很大。

M頭和三重頂是轉入下跌的標誌

M頭和三重頂正好與W底、三重底相反的兩種形狀。

W底反過來就是M頭。以相同的高度形成兩座山，就像英文符號M。表示股價大幅上漲後，轉入下跌，再次上漲到前一次高價附近後停止，趨勢轉入下跌的可能性很大。

仔細觀察M頭的形成，投資人通常可以找到「量價背離」的傾向(詳見「股票初見面——長期投資」一書)，簡單來說，就是價格持平或變高，但成交量變少。

右圖M頭的範例，就是波峰與波峰的價格幾乎相當，但成交量卻變少了。讀者可以把它想成爬山攻頂時若糧食不足就容易功敗垂成，既然大勢已去，投資人只好走回頭路下山了！

三重頂是轉入下跌的標誌

三重底反過來就是三重頂。

它的樣子有點像三座山的形狀，中間的山峰往往是最高價。左右山峰的高度比中間要低，其中第三個山峰比第一個山峰還要低。出現這個形狀後，可以認爲上漲趨勢已經結束。

三重頂的形狀如果要再次確認可以用成交量佐證判別，如果是三重頂的頭部形成而非一般的箱型整理形態，成交量也會慢慢的萎縮變小。右圖範例便是很典型的例子，股價在一波又一波的高峰的同時，成交量卻一直往下掉，它跟橫向箱型整理時所呈現的量、價同步有所不同。

股價圖形轉入下跌的兩種模式

M頭

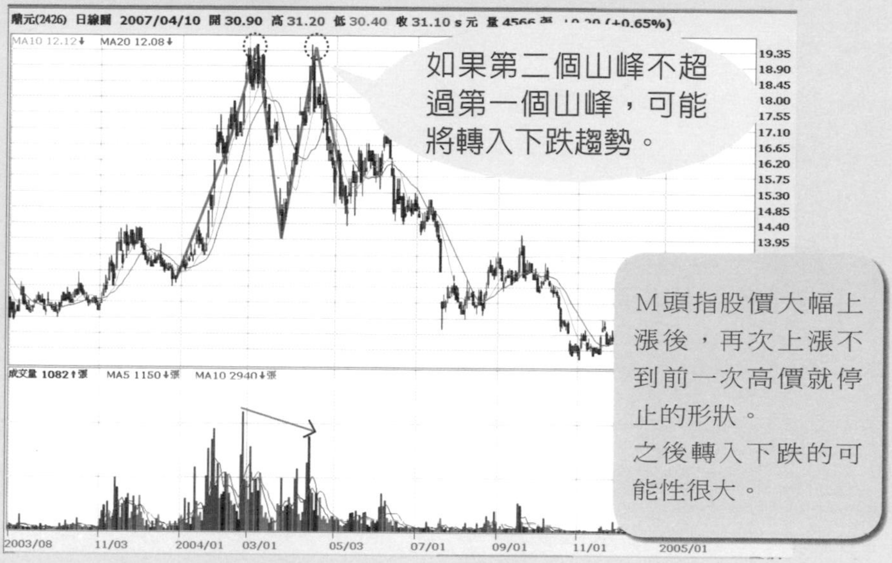

如果第二個山峰不超過第一個山峰，可能將轉入下跌趨勢。
M頭指股價大幅上漲後，再次上漲不到前一次高價就停止的形狀。
之後轉入下跌的可能性很大。

三重頂

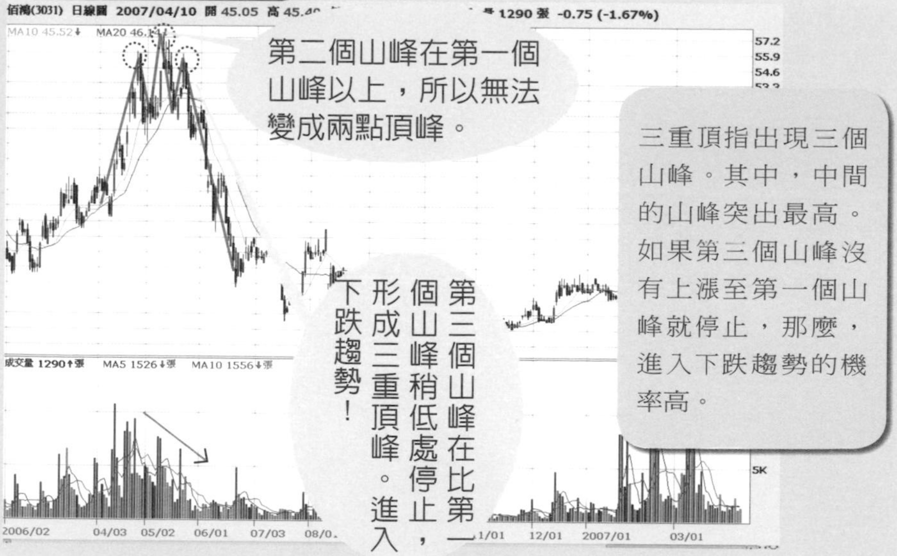

第二個山峰在第一個山峰以上，所以無法變成兩點頂峰。
第三個山峰在比第一個山峰稍低處停止，形成三重頂峰。進入下跌趨勢！
三重頂指出現三個山峰。其中，中間的山峰突出最高。如果第三個山峰沒有上漲至第一個山峰就停止，那麼，進入下跌趨勢的機率高。

從移動平均線抓住趨勢

股價圖除了畫有K線棒，上面還會畫有幾條線，叫做移動平均線，是最基本的技術指標。

移動平均線是一定期間內收盤價平均後所繪製

一定期間的收盤價平均後，連接這些價位的線叫做移動平均線。

股價每天都在上漲下跌搖擺不定。移動平均線去掉了這些搖擺，所以能輕易的抓住趨勢。以右圖爲例，從K線排列的情況雖能研判出趨勢端倪，但不如移動平均線來得明顯。

移動平均線的計算天數有很多種。一般而言，如果使用的是日K圖，通常會設定爲5日、10日、20日、60日，這麼設定的原因是一周平均是5個交易日，所以5日移動平均線剛好是一周的價格平均，同樣的20日就是一個月的價格平均；如果採用是周K圖，通常會設4周、13周、26周、52周移動平均線。

參考長期趨勢用長時間的移動平均

移動平均線計算天數越短，越能反映出最近的股價變動。

即使由於突發原因使得股價暫時大幅變動，長時間的移動平均線也不會受到很大影響。因此，想看大趨勢時，最好查看長時間的移動平均線。尤其在把握大體趨勢時要看一下周K線甚至是月K線的移動平均線。

股價在移動平均線以上移動就是上漲趨勢，有時候會暫時調整逐漸下跌，跌到移動平均線附近後又會反彈再次上漲。因爲很多投資人把移動平均線當成是下跌停止點，在這裏買進的人很多。所以，移動平均線可以做爲交易時機的標準。

不過上述的情況只限於股價和移動平均線比較接近的情況。由於只是平均值，不會暴跌暴漲。只能當成緩慢上漲或下跌趨勢的標準。

掌握移動平均線

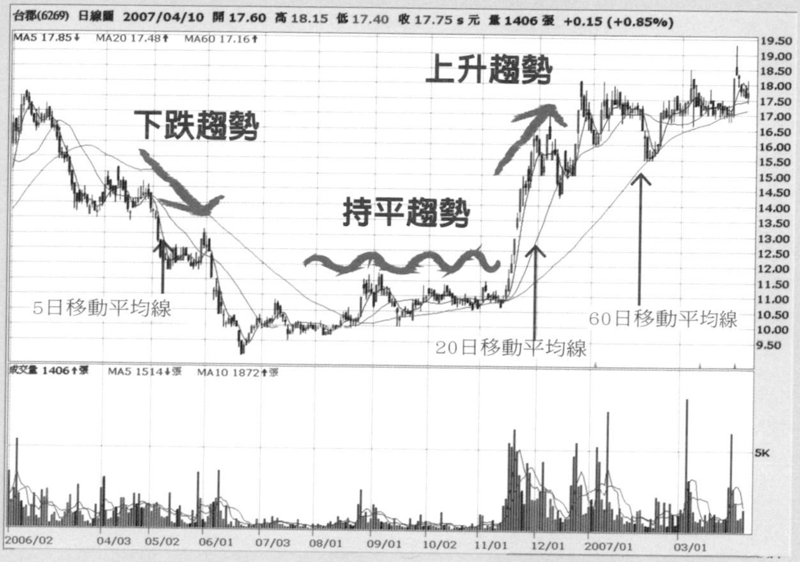

移動平均價計算的方法（以5日平均線為例）

$$\frac{4\text{天前}_{\text{的收盤價}}+3\text{天前}_{\text{的收盤價}}+2\text{天前}_{\text{的收盤價}}+\text{昨天}_{\text{的收盤價}}+\text{今天}_{\text{的收盤價}}}{5}$$

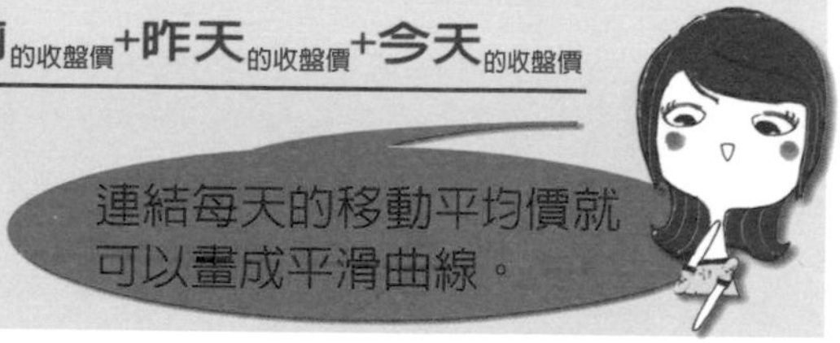

Key Word

【技術分析】

技術分析可以分成兩大範疇，一類是透過圖表型態解析預測股價趨勢；另一類則是透過計量化技術指標判斷買賣訊號，並推測未來股價的變動趨勢。

計量化技術指標是把股價可能上漲或下跌的趨勢或機率，量化為數字化指標；或者把股票的價量關係、投資人看多與看空市場的心理，化約為數字指標，藉以讓投資人掌握市場的冷暖。

常用的有KD、RSI、MACD、乖離率、威廉指標等等。

企業成長能力強弱不同 反彈點不同

上漲趨勢中很多投資人會將移動平均線當成是「跌到這裡就不再跌」的指標，所以，如果看到股價已經跌得快靠近移動平均線時，因爲進場買的人多，股價就會轉入上漲。其中有的股票會在到達移動平均線之前轉入上漲，有的跌破移動平均線後轉入上漲。

由這種投資心理推演可以了解，爲什麼有些股票在跌靠近移動平均線就反彈上漲？但有的卻等跌破了移動平均線才上漲？很明顯的，前者多半屬於當時基本面被投資人視爲「成長能力強」的企業。試想，從各方面都顯示這家公司值得投資時，投資人會心想「反正不差那麼幾塊幾毛錢，買進吧！」於是，等不及股價跌靠近到移動平均線因爲買盤力量大，一口氣又把股價拉高了；相反的，後者可以說是一般業績的企業，就如右圖所示的「一般企業」。至於，低成長性的企業股票，移動平均線與股價有可能交錯在一起。

利用看盤軟體 改變移動平均線天數

沒有看盤經驗的股票初學者從本文的述敘可能會心想「很容易嘛！跌到均線就是買點。」但是所依循的是那一條均線呢？是5日、10日、20日還是13周、26周或是52周呢？事實上，不管所採用的是幾日平均線，設定的參數日期是幾天都有盲點。比較合理的是考量自己的交易策略是什麼(請參考「股票初見面——長期投資」一書。)由目標報酬率與目標利潤率和年度交易次數反推自己應該採用那一條移動平均線。例如，如果你的交易在一星期以內買賣，可以參考10日移動平均線；如果設定交易時間在1到3個月以內，60日移動平均線比較恰當，如果是長期投資，期限設定在半年以上，就可以240日移動平均線當參考。

具體一點說，也許你聽電視或看報紙分析指出，現在是「多頭市場」、

成長預期不同的企業均線反彈點不同

高成長企業　移動平均線「前」股價反彈

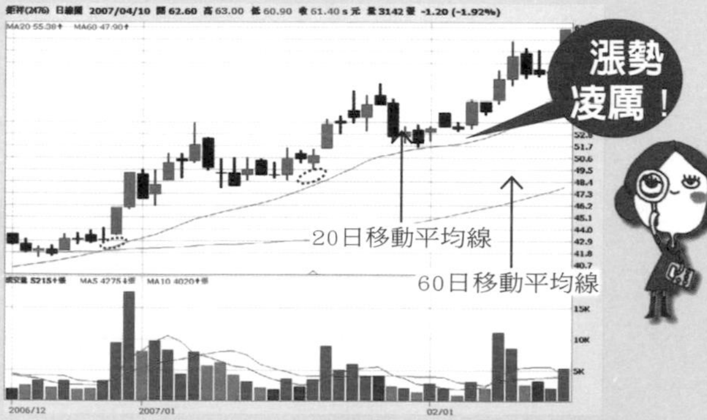

一般企業　移動平均線「上」股價反彈

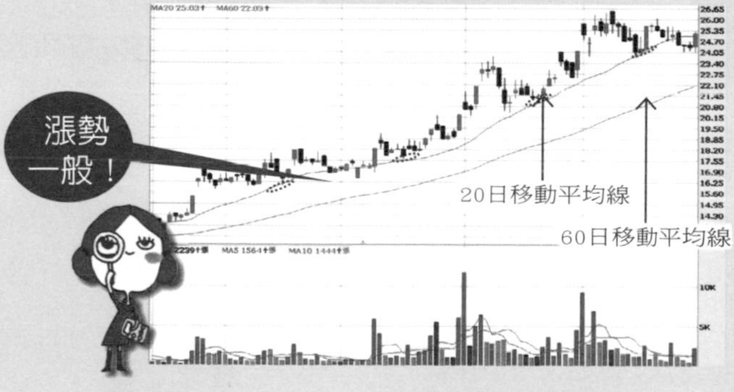

低成長企業　移動平均線「後」股價反彈

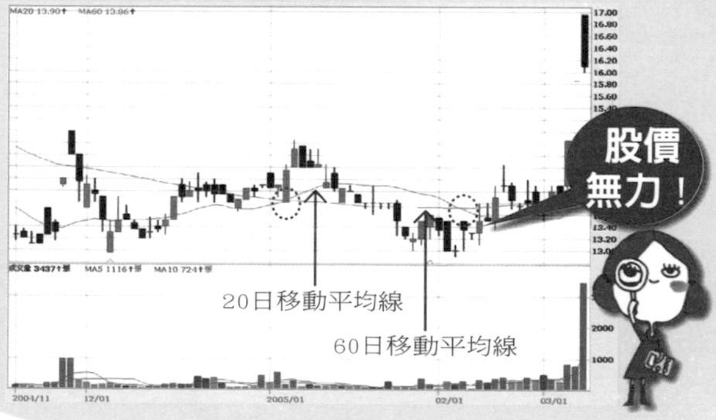

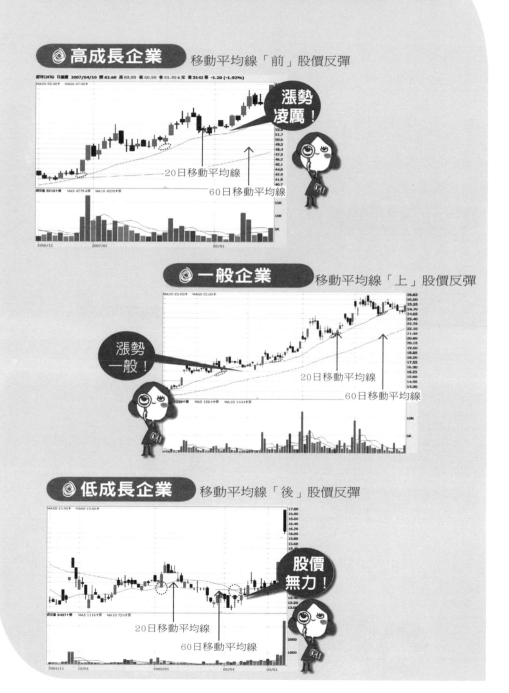

「空頭市場」云云，相對於個人而言，那些都可以當成「純參考」，假設你的交易方式是一周內決勝負，簡單一點看到股價突破10日均線(日線，10MA)就是你的「多頭市場」也就是可以準備找買點的時間了。

日線，10MA

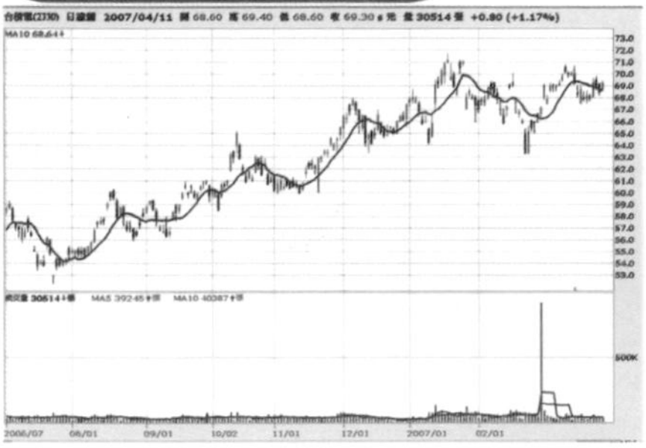

如果交易時間設定得很短，利用日線圖即使把參數設爲短天期(日線，5MA;日線，3MA)對行情的細微波動還是很不敏感。

日線，5MA

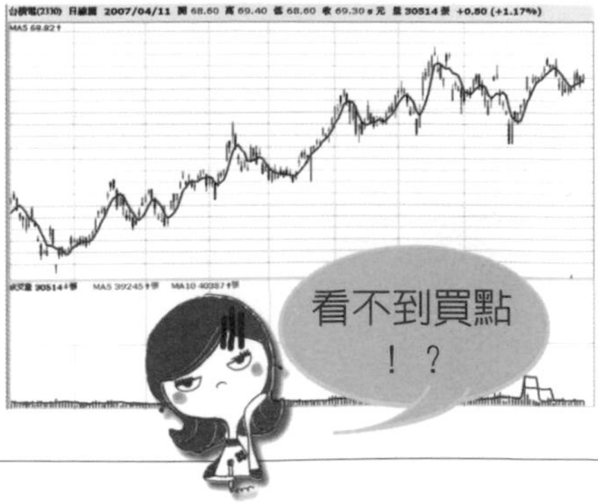

日線，3MA

此時，把它切換成30分鐘或60分鐘(30分，9MA;60分，15MA)觀察買賣點就明顯多了。

30分，9MA

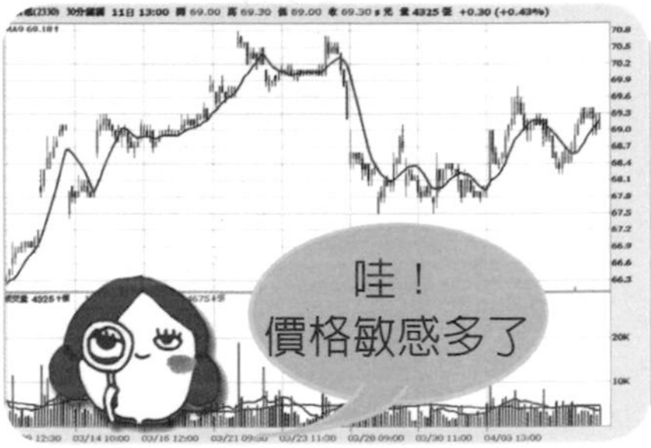

60分，15MA

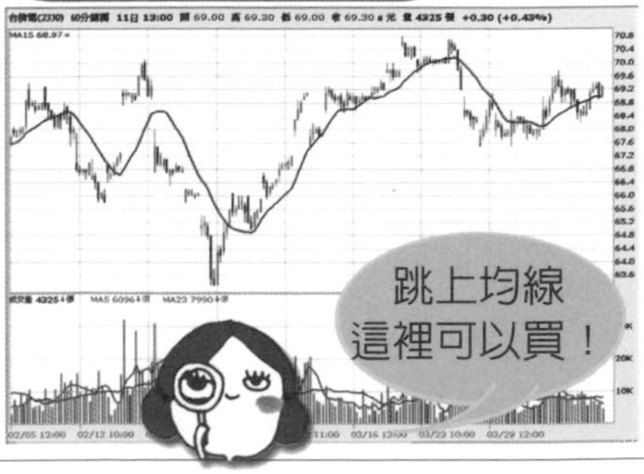

配合策略，活用看盤軟體的功能

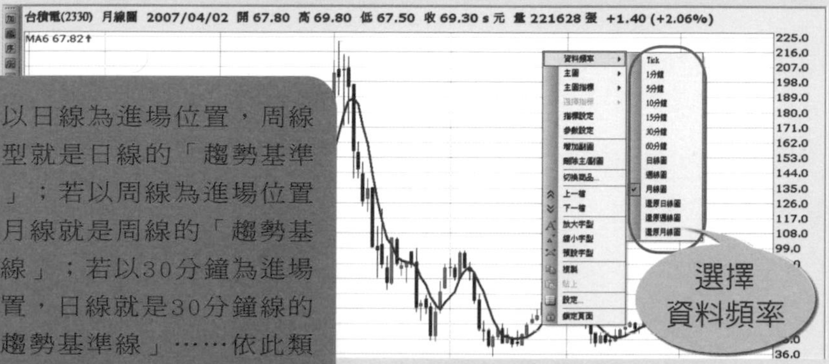

若以日線為進場位置，周線線型就是日線的「趨勢基準線」；若以周線為進場位置，月線就是周線的「趨勢基準線」；若以30分鐘為進場位置，日線就是30分鐘線的「趨勢基準線」……依此類推。

至於參數的設定，以能看出最明顯的壓力與支撐為準，雖然看盤軟體會預設參數，但投資人可以自己設定，因為每檔股票的股性不同，自設參數可以讓投資更順手。

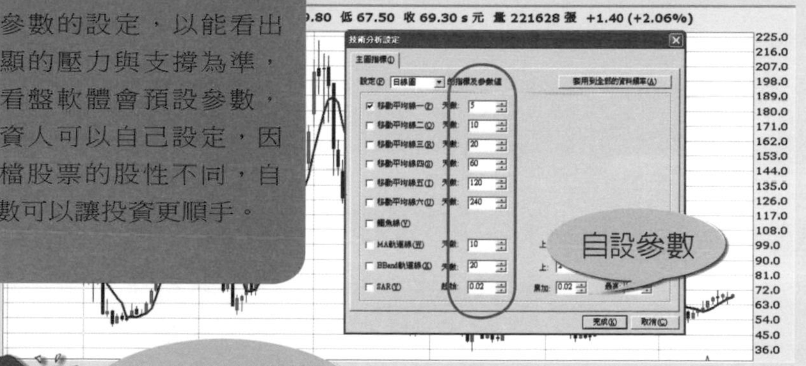

60分，15MA

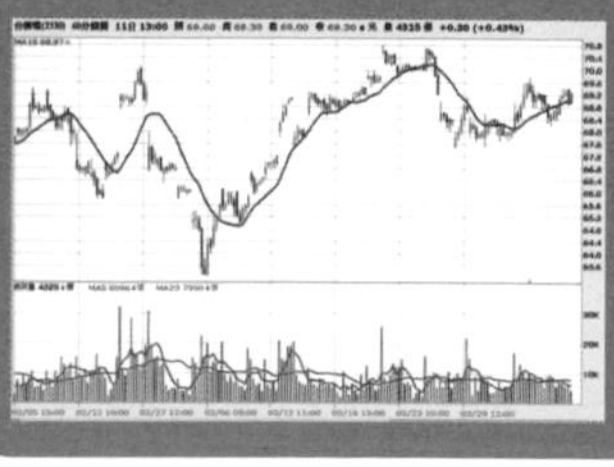

日K，60MA

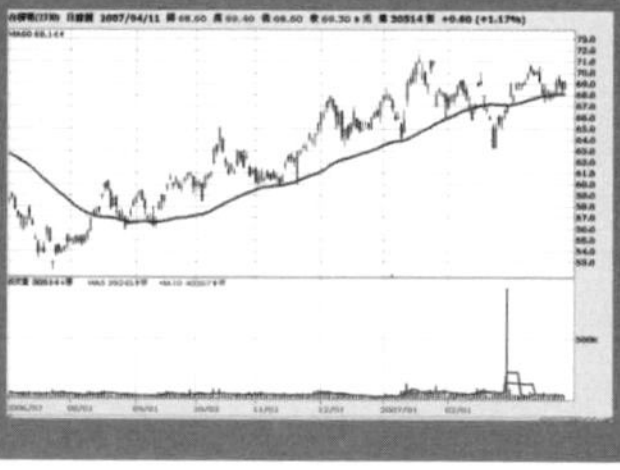

週，26MA

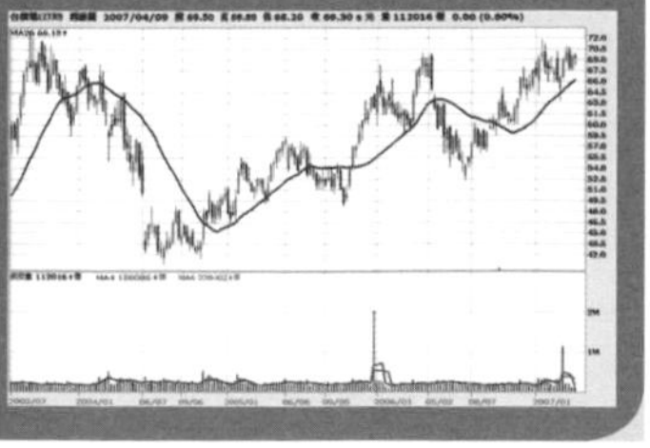

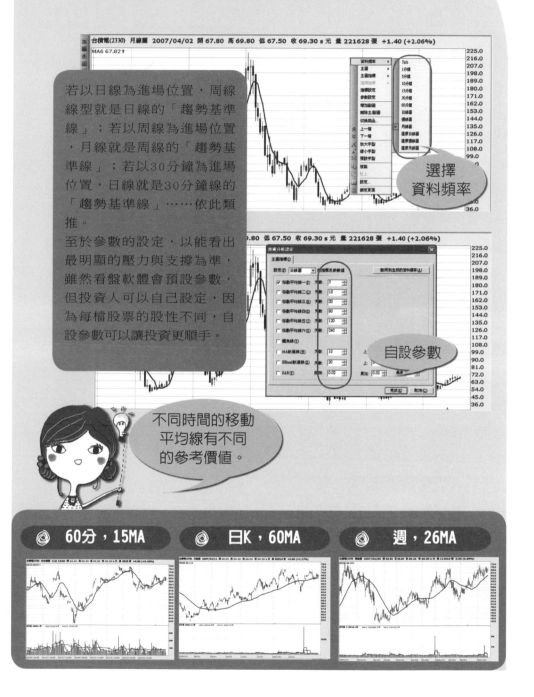

移動平均線的助漲與助跌

移動平均線算是技術分析領域中最基本也是使用最廣泛的，美國知名的投資家葛南碧提出了移動平均線八大法則(詳見「股票初見面——短期交易」一書)說明股票的買進與賣出時間，最投資人必備的基本參考知識。

當短期移動平均線與長期移動平均線朝同一方向前進時，通常會持續一段時間，可能是幾天可能是幾周或幾個月之後才改變方向，因此，移動平均線可以當成是買方的平均成本，當股價回檔到平均成本也就是移動平均線附近時，自然會產生支撐力量，市場上通常認爲移動平均線是「多頭防線」。此外，移動平均線還具備助跌與助漲的功能。

移動平均線的助跌作用

助跌：股價跌破平均線之後，股價如果持續向下移動，因爲股價在平均線之下，代表一定期間內的股票平均成本高於目前股價，因此，當股價上升到移動平均線的時候，就會出現想要解套的賣出投資人，於是很容易產生「供給增加，但需求不變」的情況。如此，股價就容易下跌。

所以，當移動平均線往下彎的時候，股價反彈到移動平均線附近，就是賣點。這就是移動平均線的助跌作用。如圖A與B。

移動平均線的助漲作用

助漲：多頭市場短期平均線向上移動速度雖然比較快，但表示大家的成本都不斷的增加，如果多頭市場買方力量較強，股價回跌到長期移動平均線附近表示有意願買進的投資人成本是相對偏低的，此時，「需求股票增加，供給不變」股價便容易上漲，所以移動平均線有助漲的作用，如圖C、D與E。

移動平均線助漲與助跌

股價回升到均線附近，會有解套的賣壓成為阻力，是為平均線的助跌作用。
神達(2315) 日線圖 2007/04/12
MA5 39.38
MA60 39.10
A
B
C
D
E
成交量 7194
MA5 8429
這就是為什麼觀察均線可以看到價格常是緣著均線跳上跳下。
股價下跌到均線附近，會有因進價成本較低的買氣成為助力，是為平均線的助漲作用。

Key Word

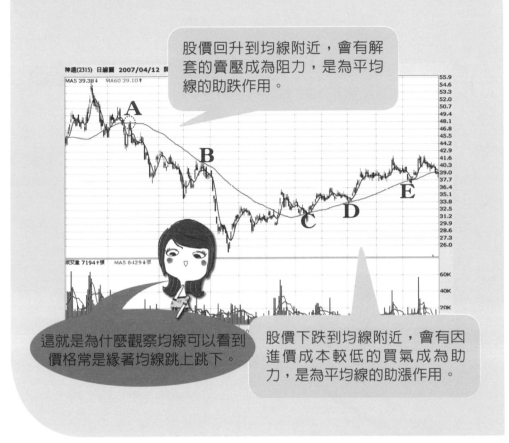

通過均線排列與交叉判斷交易

有關移動平均線，除了葛蘭碧八法外，最常受投資人喜愛的交易標誌就是多頭排列、空頭排列、黃金交叉、死亡交叉。

股價圖上通常不只有一條移動平均線，一般會有多條。

前一頁提過移動平均線計算期間有5天有10天，天數都不一樣。當股價呈現上漲趨時，均線與股價將呈現多頭排列。一般被視爲買進。

均線多頭排列

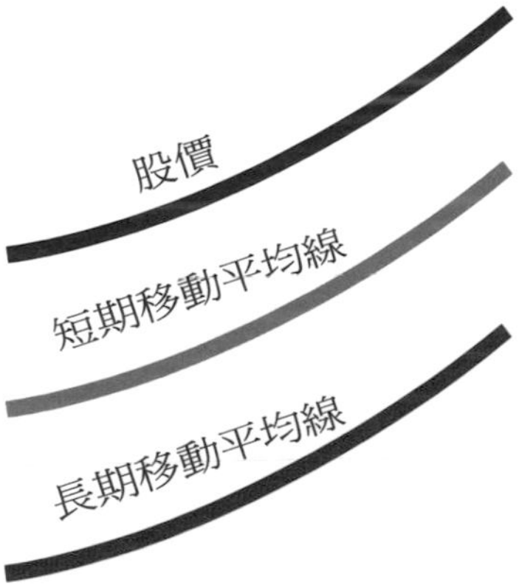

如果股價與均線出現所謂的空頭排列。

一般被視爲賣出。

均線空頭排列

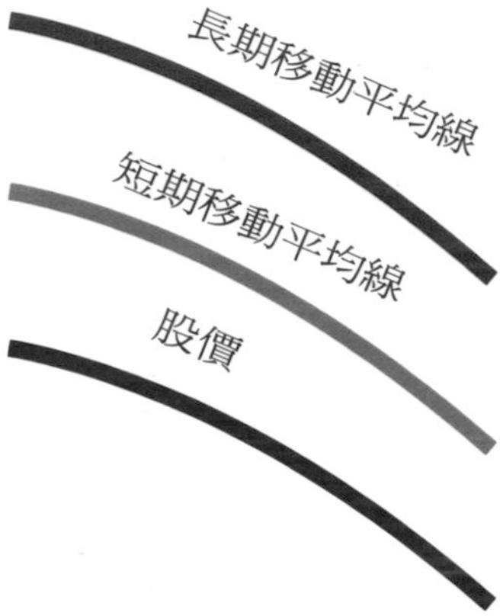

黃金交叉
死亡交叉

當短期移動平均線從下往上穿透長期移動平均線，稱爲黃金交叉。黃金交叉產生後，可以判斷趨勢轉爲上漲，是買進標誌。

相反的，短期移動平均線從上往下穿透長期移動平均線，稱爲死亡交叉。死亡交叉產生後，可以判斷趨勢轉入下跌，一般是賣出標誌。

不過也有不能買進的黃金交叉和不適合賣出的死亡交叉。

黃金和死亡交叉的轉捩點標誌

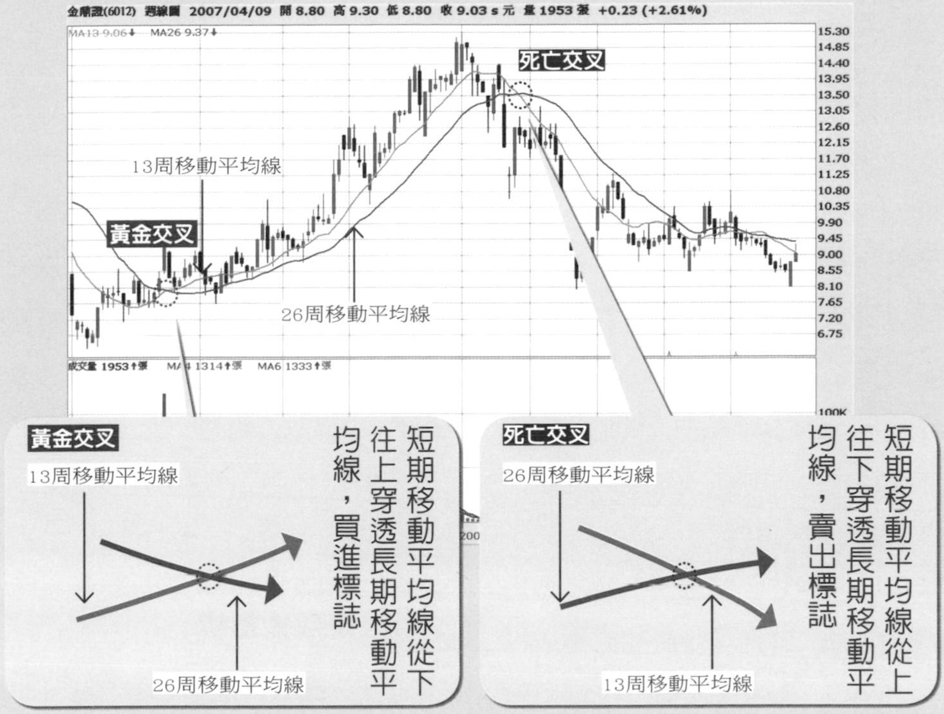
金鼎證(6012) 週線圖 2007/04/09 開 8.80 高 9.30 低 8.80 收 9.03 s元 量 1953 張 +0.23 (+2.61%)
MA13 9.06 MA26 9.37
15.30
14.85
14.40
13.95
13.50
13.05
12.60
12.15
11.70
11.25
10.80
10.35
9.90
9.45
9.00
8.55
8.10
7.65
7.20
6.75
死亡交叉
13周移動平均線
黃金交叉
26周移動平均線
成交量 1953 張
100K
黃金交叉
13周移動平均線
26周移動平均線
短期移動平均線從下往上穿透長期移動平均線，買進標誌
死亡交叉
26周移動平均線
13周移動平均線
短期移動平均線從上往下穿透長期移動平均線，賣出標誌

Key Word

【善用搜尋引擎】

要找出交易訊號黃金交叉與死亡交叉，除了你所開戶的網路券商可能會提供之外，也可以利用網路關鍵字蒐尋，就可以發現不少網站提供盤後的資訊，已經整理好那些股票呈現黃金交叉或死亡交叉，如此，就不需一檔一檔找。只要再從中循線找交易機會就省力多了。

好的黃金交叉 不好的黃金交叉

下文來看看不適合進場的黃金交叉。

股價上漲後，最早反映在短期移動平均線上。由K線圖型上能看出它是按照股價-短期移動平均線-長期移動平均線的多頭排列。

以日K線爲例，當股價下跌後若短時間內上漲，也就是股價觸底幾天後立後急速上揚，從K線圖上看股價變動將呈現V字形，此時短期移動平均線雖會跟著股價的急劇上漲而上漲，但長期移動平均線卻因爲取樣的日期比較長而反應不及，還大老遠的在上面，所以，暴漲前的急劇下跌無法輕易反映出來。等到短期移動平均線向上穿越長期移動平均線時，急劇上漲的行情已經經過一段時間了。

由於股價已經大幅度上漲過了，許多投資人已經開始獲利了結，極有可能已經開始下跌。這就是不能買的黃金交叉(右下圖)。

優良的黃金交叉又是如何呢?

股價在經歷跌勢並持續盤整一段期間之後的黃金交叉通常是準確性較高的買點(右上圖)。實際交易時，還會配合其他指標操作較佳。死亡交叉和黃金交叉的道理一樣但方向相反。

移動平均線是落後指標

由於移動平均線是由已發生的股價所計算出來的，也就是它的取材是根據「歷史數據」，屬於落後指標，在使用於實務時常常股價已經上漲一大段才形成黃金交叉或股價已經下跌一大段才形成死亡交叉。

爲了解決這種問題，選用至少三條以上的移動平均線操作是必要的，至於參數要設定多少，則有賴操作經驗，若死記公式有時反而產生反效果。

好「黃金交叉」與不好的「黃金交叉」

黃金交叉－－優良版

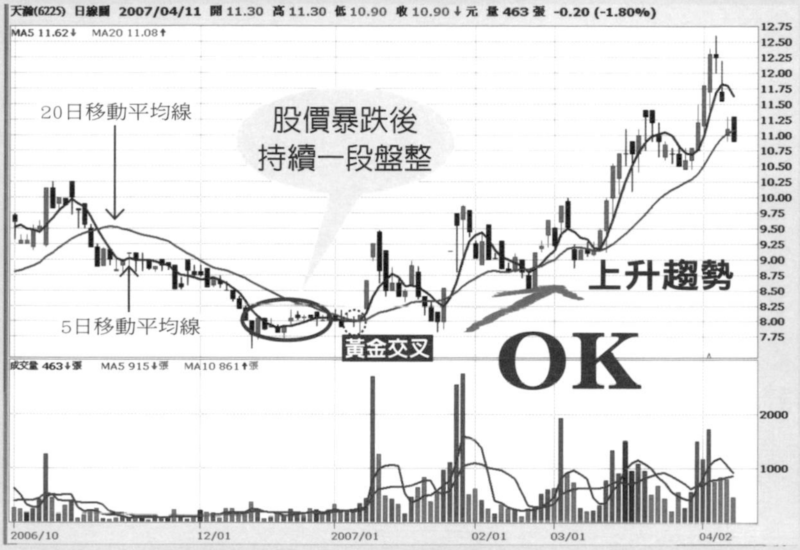

黃金交叉－－不良版

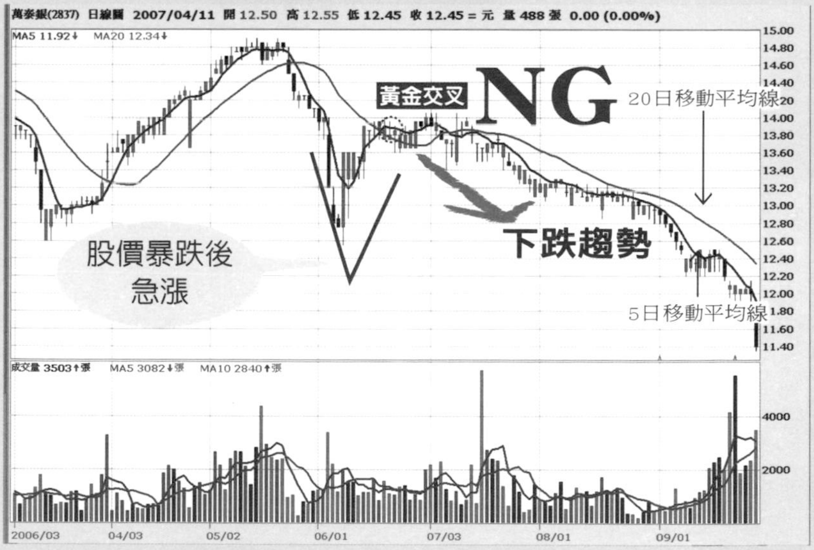

從乖離情況判斷該買？該賣？

看股價圖會發現K線和移動平均線時而重合時而乖離。利用乖離率可以顯示股價和移動平均線乖離的程度。屬於從移動平均線衍生出來的一項技術指標。

乖離率的計算方法

比如，現在的股價是44元，20日平均價是40元。兩者的差是44元−40元=4元。這個差值除以移動平均價40元得到0.1(10%)乖離率就是10%。

乖離率如何使用在股價的判斷上呢？

從技術分析的角度看，移動平均線可以當成買進者的平均成本，所以，當股價比平均成本高出很多的時候，自然就會有很多人想獲利了結，使得股價向平均成本移動；另一方面，乖離率也可以當成投資人的平均報酬率。當收盤價大於移動平均價時的乖離稱爲正乖離，正數的數值愈大，表示大部份投資人都處於獲利的情況，而且獲利愈大，愈想獲利了結的心態就愈濃，股價就愈有下跌的壓力；相對的收盤價小於移動平均價時稱爲負乖離，如果負值愈小，表示大部份投資人下跌的損失愈多，此時，加碼買進攤平的心態會更強烈，另外，看到股價便宜，新資金企圖趁機搶便宜的買家也會不少，所以，股價有上升的可能。

乖離率當成買賣點的參考

在上漲趨勢下，股價接近移動平均線處買進，乖離率達到某個百分比以上，過度乖離後就賣掉。

相反的，在下跌趨勢下，乖離率到達某個百分比以下過度乖離後買進，股價和移動平均線重合後再賣出。乖離率的使用法大致如此，但應該取「某個百分比」爲買賣最佳的數值呢？則隨股票屬性不同而定，不能一

使用乖離率的交易戰略

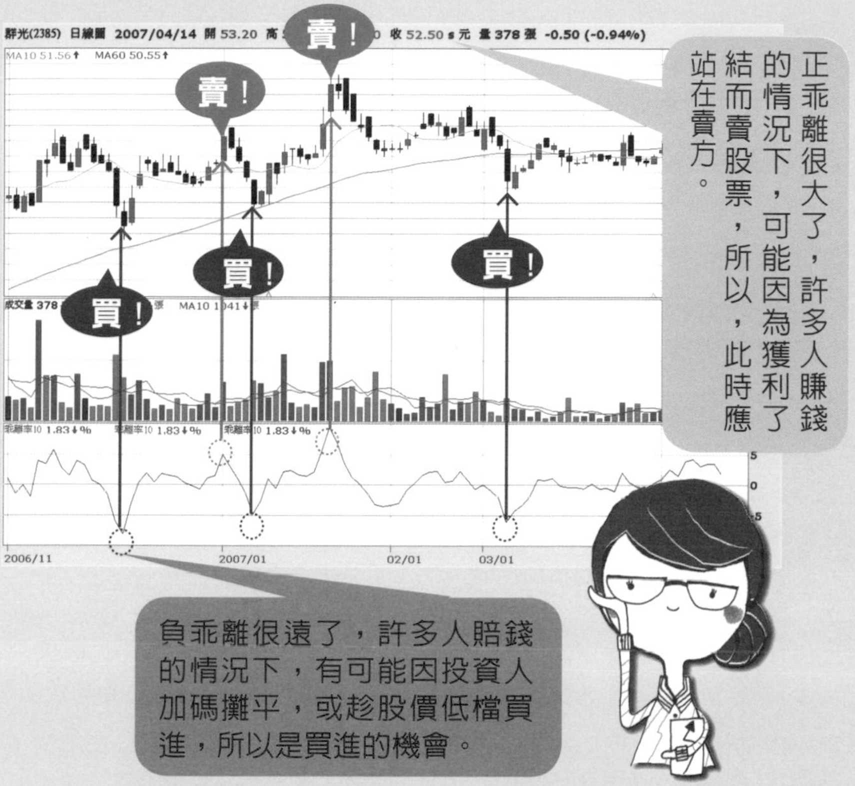
群光(2385) 日線圖 2007/04/14 開 53.20 高
收 52.50 s元 量 378 張 -0.50 (-0.94%)
MA10 51.56↑ MA60 50.55↑
成交量 378
MA10 1041↓張
乖離率10 1.83↓%
2006/11
2007/01
02/01
03/01
賣！
賣！
買！
買！
買！
正乖離很大了，許多人賺錢的情況下，可能因為獲利了結而賣股票，所以，此時應站在賣方。
負乖離很遠了，許多人賠錢的情況下，有可能因投資人加碼攤平，或趁股價低檔買進，所以是買進的機會。

Key Word

【乖離率運用原則】

1. 乖離率過高宜賣出、過低宜買進。

2. 乖離率持續在0以上，代表行情處於漲勢，買進做多比較有利；乖離率持續在0以下，代表行情處於跌勢，應該保守應對，或者直接賣出持股。

3. 投機股或暴漲暴跌股不適用於乖離率，因人為因素易使股價超乎尋常的變動。

概而言。讀者可以觀察個股過去乖離率的變動，找出規律性後，把它們當成參考。

成長能力和人氣度不同乖離率不同

爲什麼乖離率會隨著企業不同而不一樣呢？

因爲不同企業的成長能力和人氣度不一樣。

處於上漲趨勢中、成長能力強、有人氣的企業會被投資人一直買進直到和移動平均線大幅度乖離。所以從乖離率的曲線上看，乖離數值於0座標之上很高。

相反的，股價沒有想像空間的企業，成長能力呈現停滯，股價還沒等到和移動平均線大幅度乖離，就早早回到了移動平均線了。

讀者可以自己利用網路的看盤軟體找一找，不難發現股價趨勢向下的企業，愈冷門的股票，往0軸以下乖離的情況愈明顯。

如何運用乖離率買賣股票

因著企業的特性不同、移動平均線的計算天數不同，平均乖離率的最佳數值也會隨著企業不同而不一樣。以下是一般性常採用不同天數的乖離率參考數字：

10日移動平均乖離率：

－8%是買進；+8%是賣出時機。

30日移動平均乖離率：

－6%是買進；+6%是賣出時機。

乖離率高，股價有想像空間

成長能力強的企業股價會和移動平均線大幅度偏離。

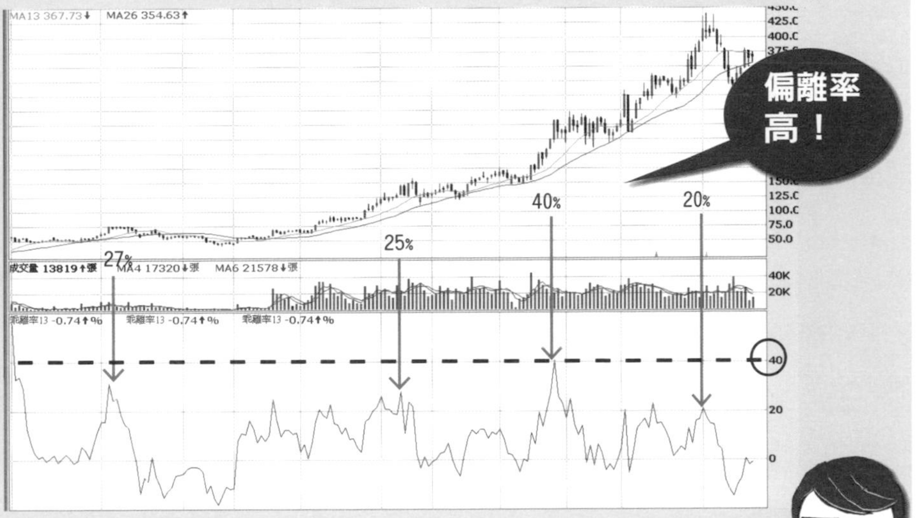

一般企業股價幾乎不和移動平均線產生過度的偏離。

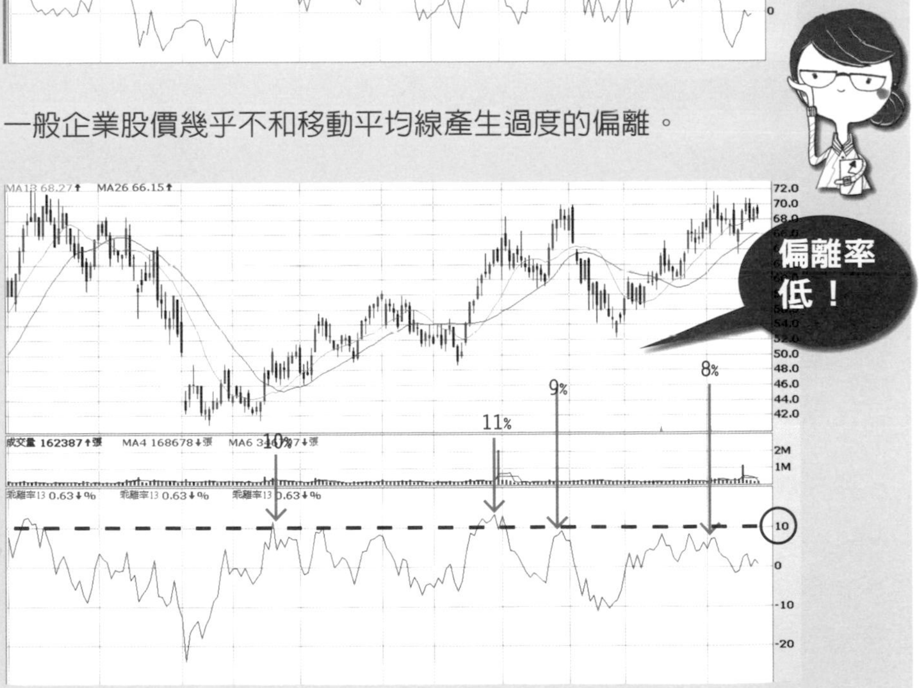

畫趨勢線抓住股價走向

爲了把握股價趨勢可以在股價圖上畫上「趨勢線」。

「趨勢」一詞代表未來、方向或觀念，用在股票市場的行情上簡單來講就是多、空脈動，也就是行情可能會更好或是更壞的一種預測。

判斷趨勢正確了，採取順勢操作的方式，也就是預測股價即將上漲而站在多方買進的立場；預測知道股價即將下跌而站在空方賣出的立場如此就能排除短時間消息面的影響和短線操作所帶來的困擾。

就技術上來說，研判趨勢利用趨勢線與股價型態是常用的方法。

自己畫趨勢線

股價圖上幾個小波形組合會形成大波形。小波形上的高價與高價，小波形上的低價與低價相連，所畫出來的線就是趨勢線。畫趨勢線時連接所有高價的趨勢線，要盡可能將高價畫入這條線，不過或多或少有些無法畫入也無所謂。

一般來說，趨勢線上點愈多就表示趨勢線愈有價值，而趨勢線愈長就表示眞實性愈大，趨勢線所產生的角度高低大小，對現在和未來的漲跌也具有影響性。

趨勢線一般有以下四種：

第一種：上升趨勢

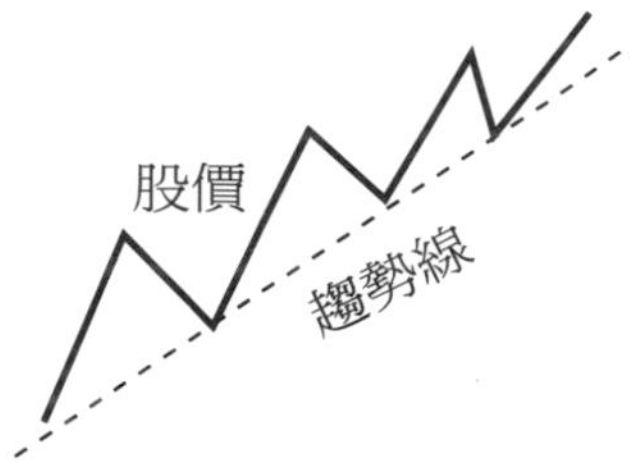

第二種：下降趨勢

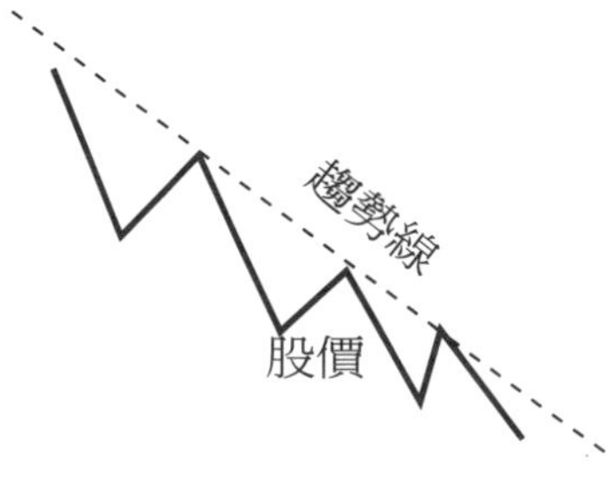

自己畫趨勢線

上升趨勢

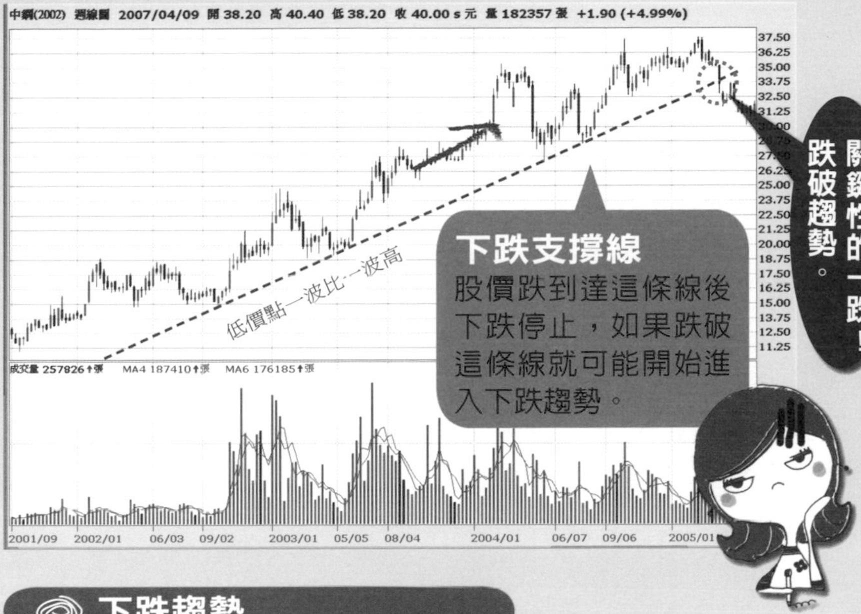

下跌趨勢

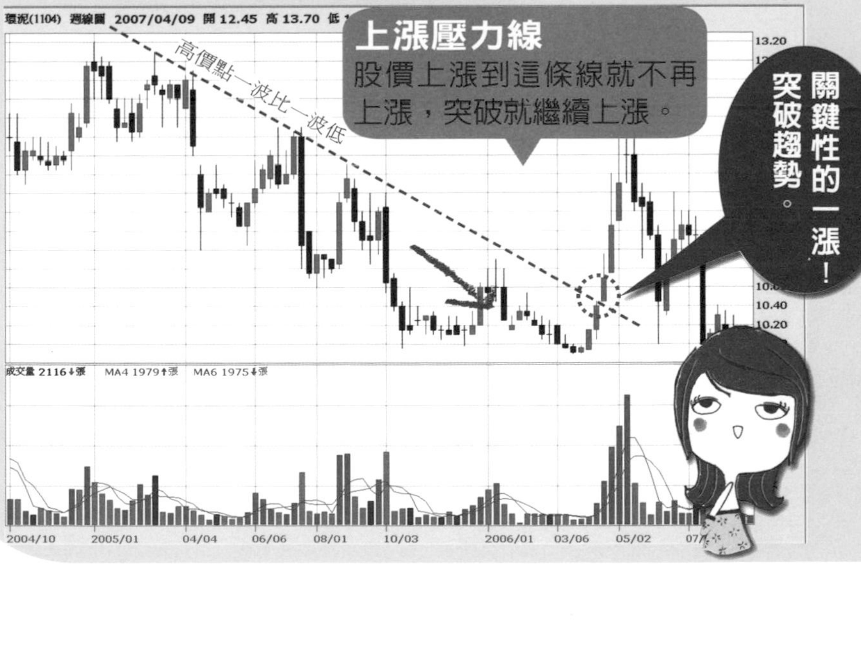

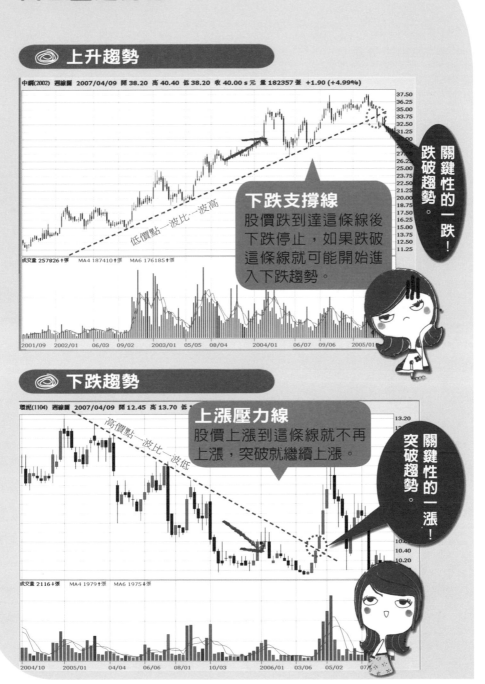

第三種：盤整趨勢

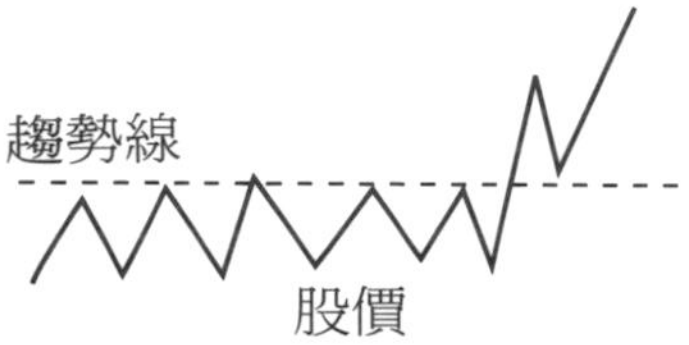

第四種：軌道趨勢

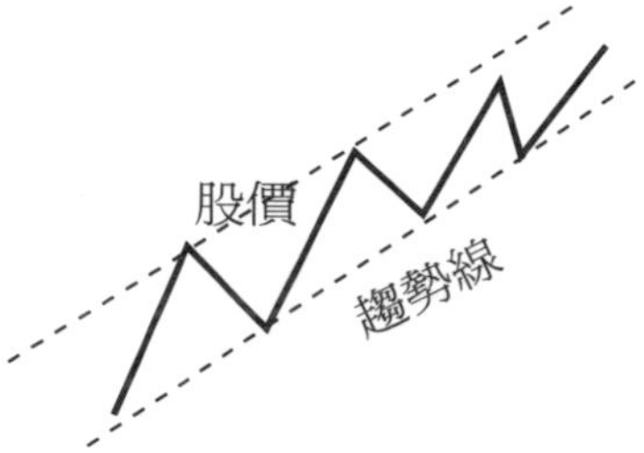

壓力線與支撐線

當一群人同在某一天某一個價位買進同一檔股票之後若被套牢(也就是股價不再上升)，之後若股價再次回升來到那個高點，因為上一次套牢的人需要賣出解套，加上低檔買進者獲利了結的籌碼，而使得那個價位就形成隱形的賣出壓力，每當價位到達那裡就漲不上去。如果把一段時間內的高點相連起來，就形成壓力線；相反的，一段時間股價最低價相連就是支撐線，也就是在這個價格區不容易再往下跌。

如果趨勢線為右上揚，就可以假設行情處於上漲趨勢。如果趨勢線是向右下傾斜，就可以假設行情處於下跌趨勢。

相反，股價向下突破了連接低價和低價的趨勢線後怎麼辦呢？這說明下跌的壓力很大。可以認為是趨勢轉換，最好賣掉。

趨勢線的角度可能會中途變化

上漲趨勢中，股價可能會往上突破連接高價和高價的趨勢線。上漲趨勢本身沒有變化，不過角度急劇變化了。此時一定程度後，可以考慮換個角度畫一條新的趨勢線。

有時候支撐線和壓力線逐漸靠近，成為三角形的兩邊。這叫做三角整理。

三角整理的情況下，股價在一定

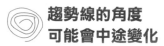

找出股價運動的方向

軌道趨勢

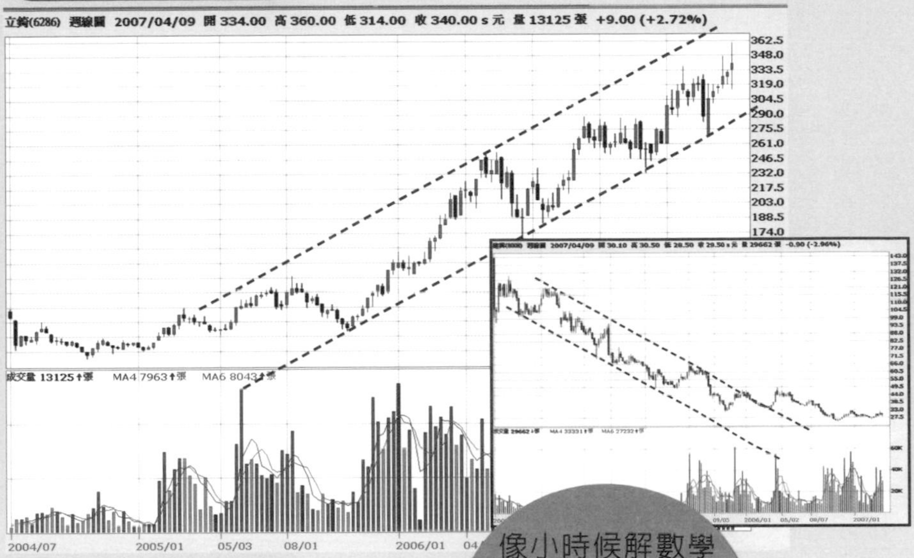

盤整趨勢

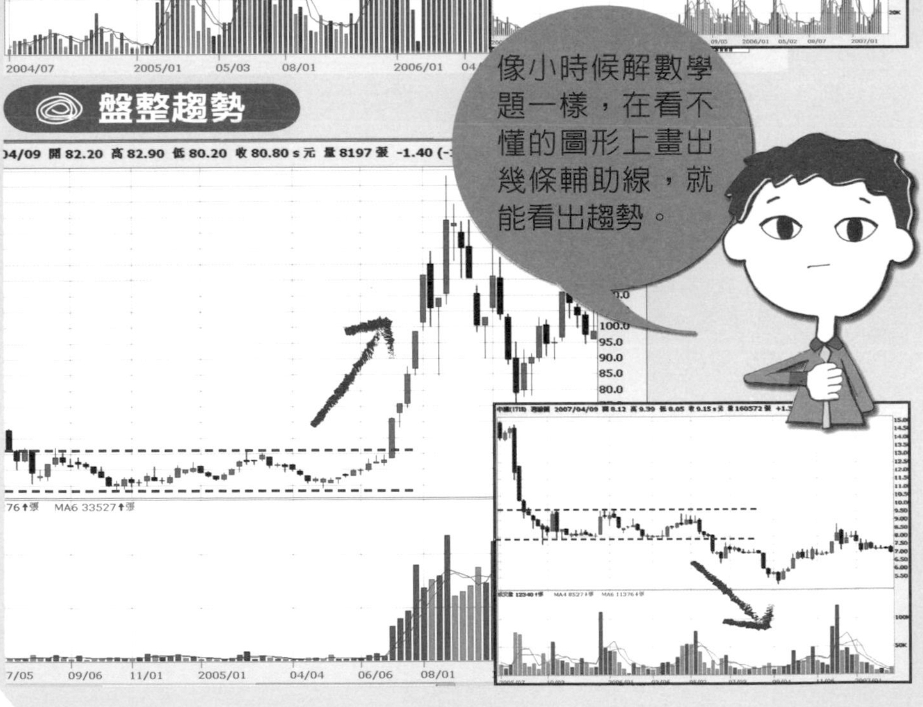

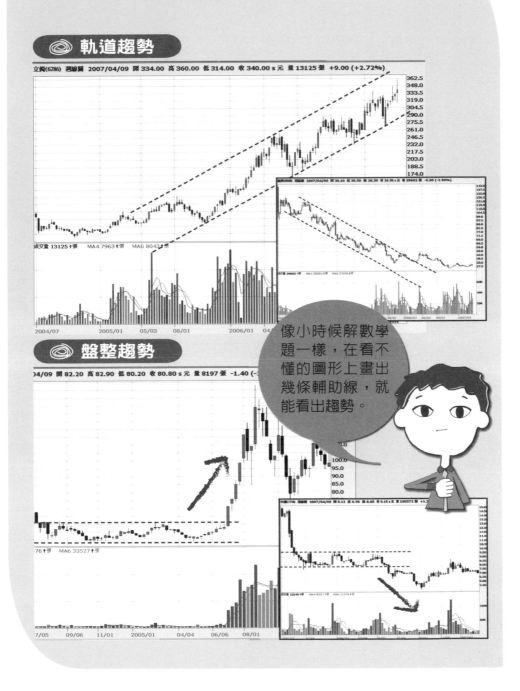

範圍內上下浮動，擺動幅度逐漸變小。這通常表示股價變動的理由不充分，投資者迷茫的狀態。而且在頂點處由於所處的行情環境，股價通常會一下子上漲、一下子下跌非常密集。

三角整理有非常多型態，有狹長型的有等腰三角型，有上升與下降三角型（詳見「股票初見面——短期交易」一書），但都顯示出投資人對股價猶豫的心態。

三角整理：

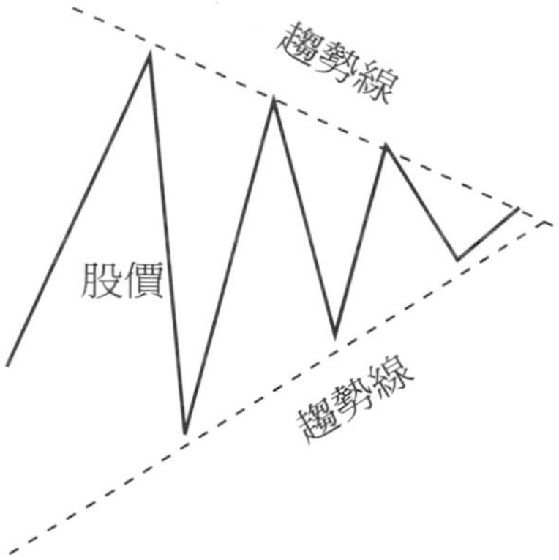

三角整理無法判斷趨勢走向，必需配合成交量等做出研判。

趨勢轉換的徵兆

股價不可能永遠朝同一個方向運動，但當股價還在趨勢內變動時，只要股價跌近支撐線買進，漲到靠近壓力線賣出就可以。但更要緊的是能看出趨勢轉換的徵兆。

最基本的趨勢轉換徵兆有三個：

① 跌破上升趨勢線：

在有效跌破上升趨勢線3%以上；若配合長黑或跳空跌破趨勢線，可以當成是上升行情結束，應該要賣出。

② 突破下降趨勢線：

有效突破下降趨勢線代表股價趨勢就要往上走了，如果形成長紅棒或往上跳空帶量突破都是行情逆轉的關鍵點。

② 突破盤整趨勢：

股價進入中段整理市場本益比偏低，消息面景氣變好且個股業績轉佳，當股市整理消化籌碼後，帶量突破將使股價向上翻揚形成上漲趨勢。

走出整理型態的情況

三角整理

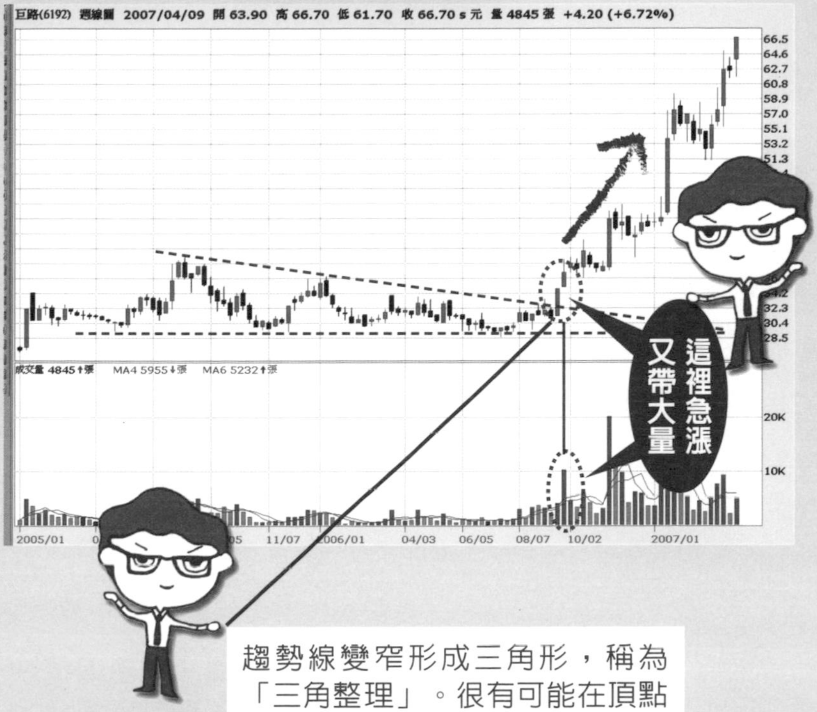
巨路(6192) 週線圖 2007/04/09 開 63.90 高 66.70 低 61.70 收 66.70 s 元 量 4845 張 +4.20 (+6.72%)
成交量 4845↑張 MA4 5955↓張 MA6 5232↑張
這裡急漲又帶大量
2005/01
11/07
2006/01
04/03
06/05
08/07
10/02
2007/01
20K
10K

趨勢線變窄形成三角形，稱為「三角整理」。很有可能在頂點處股價一下子朝某個方向變動。

Key Word

【支撐線】
股價下跌到某個價格帶後反彈上升。又名下跌支撐線。

【壓力線】
股價上漲到某個價格帶後反壓回來又名上漲壓力線。

成交量和股價有什麼關係？

股價圖中，K線圖下面會畫有一個柱狀圖，這就是成交量。

什麼是成交量

在新聞報導中聽到今天的加權指數(也就是大盤)的成交量是1仟億元時，指的是當天的成交量是1仟億「元」，也就是買方買了1仟億元的股票，賣方也賣了1仟億元的股票。它的單位是元。但成交量若用來指個股時，單位是「張」，例如，當新聞說台積電股票今天成交量是5萬時，指的是成交量5萬張，也就是有人買進5萬張有人賣出5萬張，若特別指明成交了多少錢，則會指出有多少「成交值」。

成交量是依照數字以一天或一周或一月，用柱狀圖描繪出來。

研判股票該賣或該買參考成交量的變動是一定必需的，因為量是價的先行指標，資金是股市的命脈，成交量代表資金充沛的程度，量大，表示資金多，量少，意味著資金匱乏，所以，成交量是股價漲跌的重要關鍵。不過，並不是說成交量大就一定能攀上高價。

除了每日的成交量外，有些網站會附有描繪各價格帶成交的分價圖(如蕃薯藤→股市首頁→個股分析→價量明細)，分價圖與普通的成交量用直式表列不同，分價圖的成交量採橫向的。

價急漲、量急增這是不能買進的

上漲途中股價進一步急劇上漲，同時成交量急劇增加這時要小心，因為上漲行情很有可能在此終止進而轉入下跌行情。

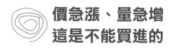

為什麼呢？

上漲行情讓想買進的投資人蜂擁而至，雖然很多人願意出高價購買使得股價漲了，可是成交量大也意味著很多人在相當的價位中賣出，所以，股

成交量與各價格帶成交量不同

各價格帶成交量

過去交易的股數按照價格帶統計。成交量多的價格帶表示過去在那個價位成交的數量多。

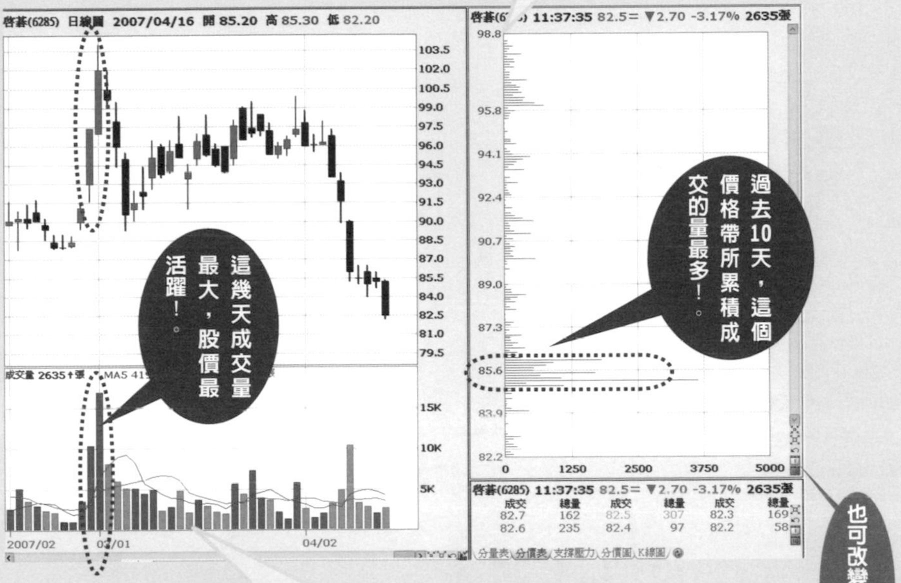
啓碁(6285) 日線圖 2007/04/16 開 85.20 高 85.30 低 82.20
成交量 2635↑張
這幾天成交量最大，股價最活躍！
啓碁(6285) 11:37:35 82.5= ▼2.70 -3.17% 2635張
過去10天，這個價格帶所累積成交的量最多！
也可改變天數。

成交量

當時市場上成立的交易張數。不只要關注目前是幾張這種絕對數字，更要關心的是前後數量間的相對變化。成交量急劇增加(減少)要特別注意。

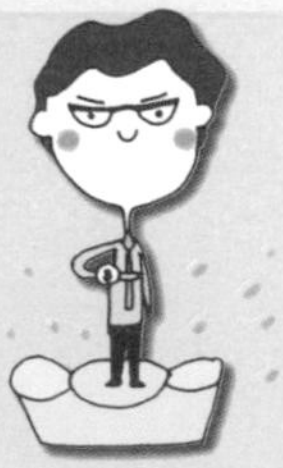

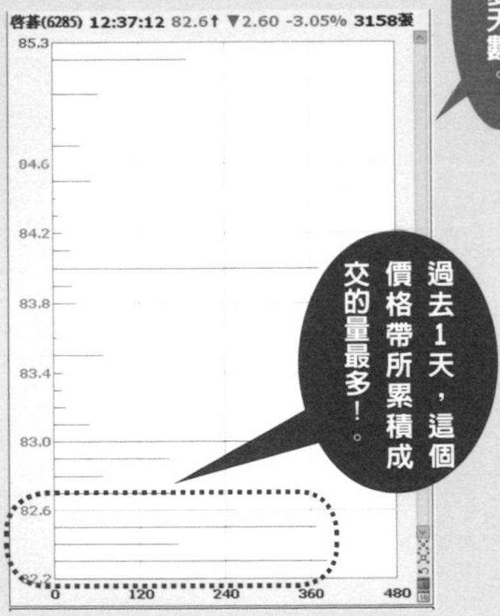
啓碁(6285) 12:37:12 82.6↑ ▼2.60 -3.05% 3158張
過去1天，這個價格帶所累積成交的量最多！

價進一步上漲、成交量進一步急劇上升，儘管有機會僥倖的賺到行情，但通常會失敗(如圖A)。

賣出高潮後，漲！

若股價原本處於下跌趨勢，一波沒信心的投資人賣出了又引發另一波沒信心的投資人也賣出，假設，消息面此時又出現意想不到的壞消息而出現價格「暴跌」的恐慌，但是此時成交量卻萎縮，這時就可以研判看空的投資人手中的持股已出脫得差不多了，出現就算想賣也沒有股價可賣的狀態，之後股價可能向上走。也就是下跌趨勢中出現了賣出高潮且成交量萎縮，是買進好機會(見圖B)。

圖A

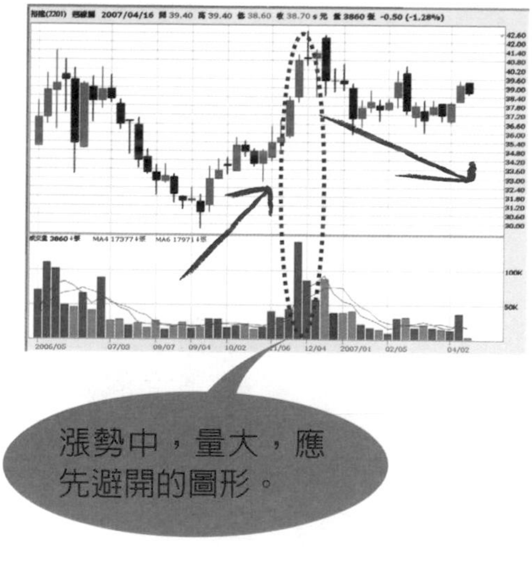
漲勢中，量大，應先避開的圖形。

圖B

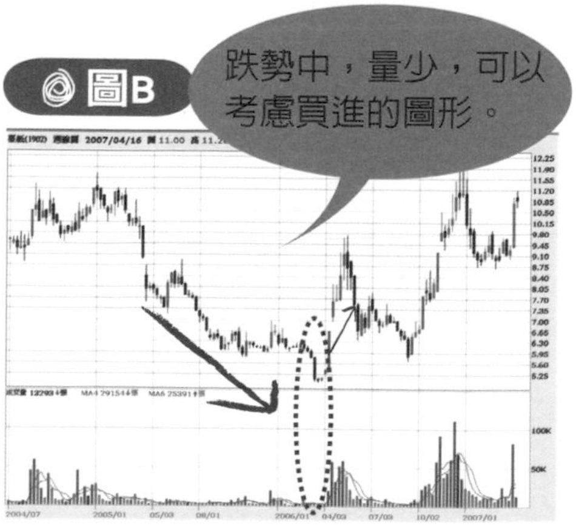
跌勢中，量少，可以考慮買進的圖形。

成交量多的價格帶股價有支撐(壓力)

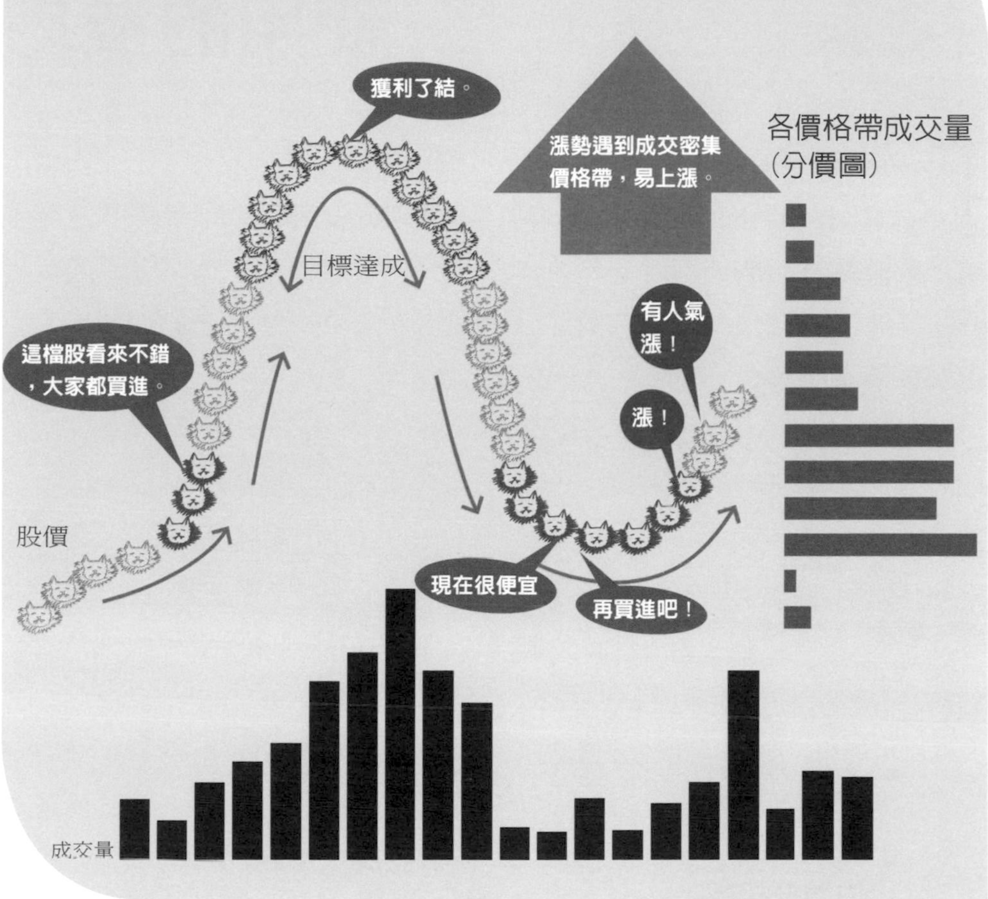

Key Word

【成交價格密集區】

處於上漲的趨勢中，當股價已經升高高過於成交量多的價格帶，當股價下跌時，之前在這個價格帶買進而獲利的投資者認為，在這個價格買進能獲利，於是等到下跌到這個價格後買進，所以在成交量多的價格帶停止下跌轉入上漲的可能性變高。相反的，股價低於成交量密集的價格帶時，這時已經有很多投資人背負了差額虧損。當股價上漲後，背負了差額虧損的投資人認為「終於回到了買進價」可以快點脫身了，於是開始賣出。因此，在下跌趨勢下，遇到成交密集區的價格帶，股票反彈後容易開始下跌。如果想要超過這個價格帶進一步上漲，需要極強的買進能量。

技術指標使用的技巧

技術指標有很多種，除了本書提到的移動平均線、乖離率、各價格成交帶外，還有像是RSI、KD、MACD都是股票買賣必需參考的數字。這些技術指標都有一些簡易的判斷公式，不過，投資人在使用時最好能把公式與原理弄懂，雖然公式的計算方式很複雜，但至少得了解它的採樣原則，並多看幾種不同的指標配合參考，否則，就會像有句話說「盡信書(指標)不如無書(指標)」，此外，投資人要採用前得自己先「最優化」指標。

RSI 相對強弱指標

以RSI技術指標爲例。RSI是通過一定期間內買漲的力量佔市場內上漲與下跌力量的全部百分比量。以6日RSI爲例，先求得每一天收盤價跟前一天收盤價相比的漲跌幅度。由於它是「跟前一天相比」所以，如果是6日RSI就採用前6天的收盤價數據，再將6天漲幅除以6，成爲6天漲幅的平均值；6天的跌幅總和除以6，當成6天跌幅平均值。RSI就是把漲幅平均值看成買方；跌幅平均值當成賣方。它的公式是：

$$RSI=100-\frac{100}{1+RS}$$

$$RS=\frac{\text{N日收盤漲數的平均數}}{\text{N日收盤跌數的平均數}}$$

RSI用曲線圖表示，在0到100之間變化。市場上常用的判斷標準以6日RSI爲例，80以上爲買超；20以下爲賣超意。然而，採用技術指標不能死記公式判斷。爲什麼呢？

假設一種極端的情況就是當盤勢全面上升時，RS就會趨近無限大(因爲只有漲沒有跌)，那麼RSI的數值就會趨近100；另一方面當行情全面下挫RSI就會趨近於0。雖然RSI數值愈大表示買方力道愈強，但強弩之末總會衰竭，所以，才會有RSI高過某個數值代表「買超」，當成是賣點這樣的判斷

以RSI為例來看一下指標的最優化

80以上為買超意味著價格偏高是賣點；
20以下為賣超意味著價格偏低是買點。
50左右是多空力道接近。

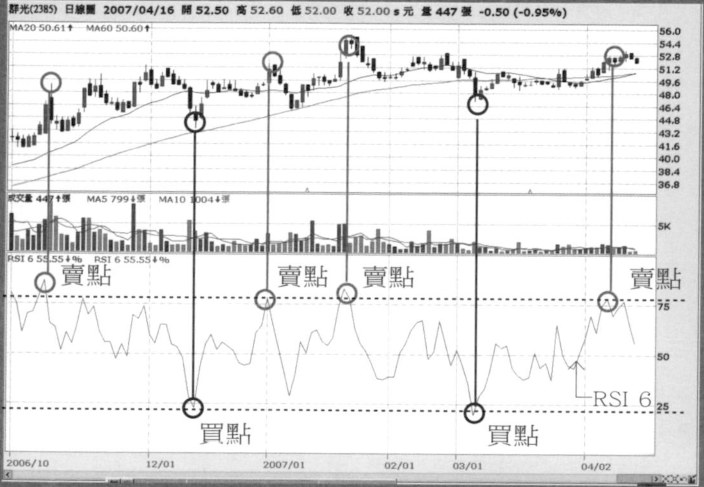

連續漲勢RSI會有「鈍化」的情況，
買賣訊號就不明顯了。

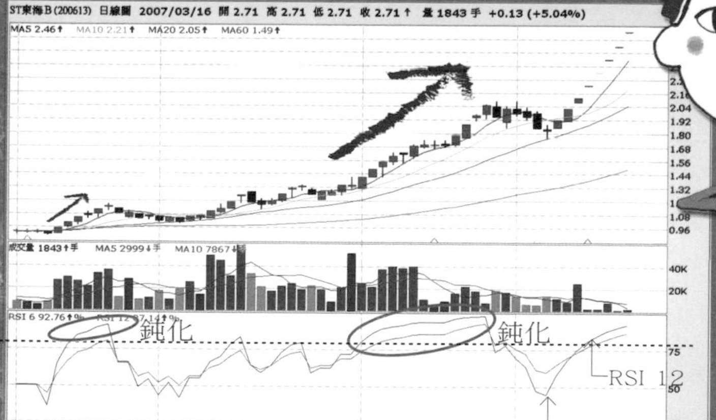

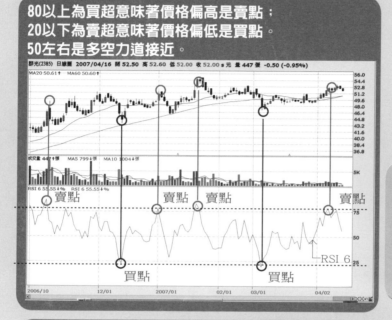

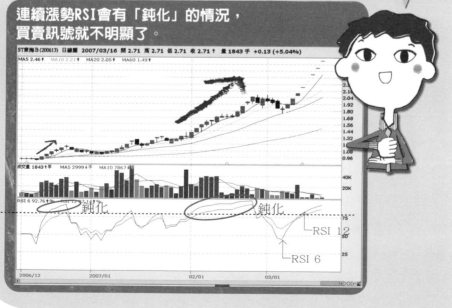

公式，但若回頭檢視RSI的計算公式，發現只要盤勢連續6天上漲，6日RSI就會達到100，如果第7天再繼續上漲，RSI的指標可以說形同失靈。

因此，市場上投資人要採用計量化指標時最好不能只用一種，而且也不能完全不明究裡的「套公式」，如前面所提的，如果連續6天股價上漲，6日RSI就持續在高檔，就是市場上常聽到的「高檔鈍化」(相對的也有「低檔鈍化」)若是死記公式，很可能出現太早賣出或太晚買進的遺憾。

指標不僅週期數值要改變判斷數據也不能死記

由於RSI是一種比率的指標，所以不具備趨勢分析的能力，較實用的是它能說明行情反轉的可能性，但並沒有辦法進一步明確指出時間點。

歸納起來，RSI的實際運用如下：

·80以上爲買超意味著價格偏高(或者以70爲判斷)；20以下爲賣超意味著價格偏低(或者以30爲判斷)。RSI在50附近表示多空力道接近。

·當6日RSI由下往上穿過12日RSI時可視爲買點；反之可視爲賣點。

·股價創新高，RSI也創新高，表示後市仍強，但若背離就是賣點。

·股價創新低，RSI也創新低，表示後市仍弱，但若背離就是買點。

·RSI的低點相連，若呈上升趨勢表示多頭市場，拉回就是買點；RSI的高點相連，若呈下降趨勢，表示空頭市場，逢高就是賣點。

其他的技術指標應用原則也都一樣，例如，日KD參數設定在9天，但變動強勢的股票，可能得用60分鐘的KD值判斷買賣點，否則指標的參考功能會失效(計量化指標詳見「股票初見面——長期投資」一書)。

指標與股價背離，反轉訊號

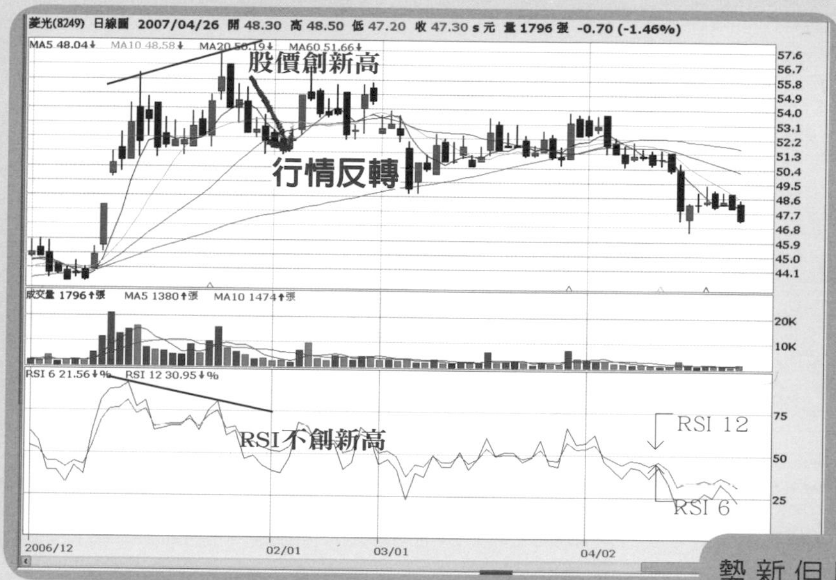

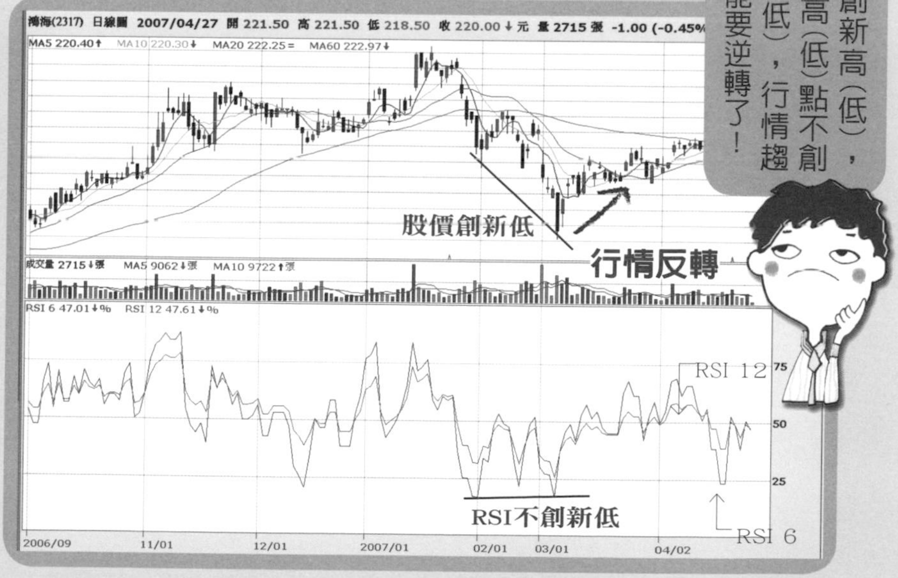

股價創新高(低)，但RSI高(低)點不創新高(低)，行情趨勢可能要逆轉了！

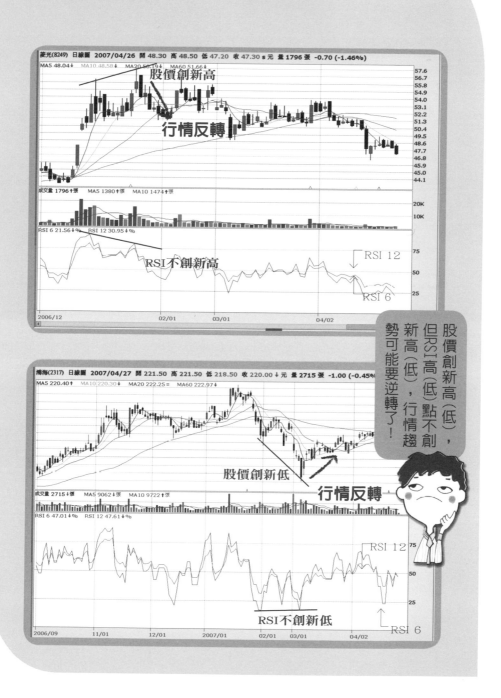

Chapter 4

上線實戰篇

從容易控制風險的短線開始交易
具備實戰經驗後
檢討與改進策略
再進階到長期投資
看盤選股
薑是老的辣
累積經驗很重要

股票新手 從短線交易開始吧！

說到短線交易，很多人以為得完全投入關注行情，不過這種時代已經過去了。

活用網路證券公司的功能，即使是繁忙的上班族，只要熟練也能輕鬆的交易。

短線交易的特色：收益少+風險小

短線交易有什麼特徵呢？最大的特色在於「風險限定在一定範圍內」。尤其是進行當天沖銷交易的人，因為沒有背負過夜交易價格變動的風險(諸如前一夜美國股市暴跌)即使「買錯了」也不會使得損失擴大。

相反的，短線交易的缺點也在於一次交易所得利潤並不多。因為短期內的股價變動幅度有限，而且還得頻繁的支付稅金與手續費，所以，短線交易成本不低，只能靠慢慢的累積小額利潤。很難定義短線交易到底是不是好的交易方式，但初學者建議從短線交易開始，一來可以控制風，再者，頻繁的交易也能磨練技術。

善用網路個人投資者也能毫不遜色于專家

短線交易技術分析佔有很重要的地位。比起研究產業趨勢與財報進行基本分析相比，查看股價圖採取短線行動交易，某種層面上反而是較務實的做法，因為交易價格的變動本身就是很好的分析材料。

專業投資者們對短線交易非常熟練，他們撒有各樣的資訊網，消息非常靈通。和這些專家在同一個市場競爭交易，確實很不容易，不過也沒有必要害怕。

全方位的使用網路的資訊並定好作戰策略，個人投資者也能毫不遜色於專家。專家也有專家們的侷限性，他們常被要求在一定期限以內必須得出結果。但個人投資者則沒有這些制約。

長期投資與短線交易

長期投資

- 重視未來的價值成長，標的可能會暫時盤跌，但市場總會還它公理。
- 不急著因應外在風雨
- 選營運體質好的。

短線交易

- 必需掌握第一時間的消息變化。
- 提高獲利頻率，而非單次、大筆的利益。
- 利用它當新手練習。

Key Word

【價值股】

價值股有很多種定義，不過一般認為，只要是中長期持有的情況下股價不會大幅下滑，可以獲得穩定收益的股票都可稱為價值股。

目前市場上對所謂價值股的選股方式最常見的為從市場中挑出低本益比與低股價淨值比的股票。（詳見「股票初見面—本益比」一書。）

行情篩選法①
關注人氣和新高價個股

雖說短線交易相對較安全，但胡亂的交易跟賭博沒什麼區別。所以在選股要尋找適合短線交易的個股，抓住時機買進和賣出。

追隨人氣旺的個股提高效率

同樣是做短線交易，但投資人要更進一步的區分自己的操作路線是「短線」？還是「超短線」？

很難具體的區分幾天內交易是短線、幾天內交易是超短線，一般來說，如果你設定是一週左右以內交易可以視為短線；2天內交易是超短線。但不管是何種交易天數的短線，選股重點不外乎「人氣」！

股票上漲，有人歸納是景氣變好、公司賺錢基本面變好，也有人說是技術面的反應……這些當然都是股票上漲的「主因」或說「遠因」，也就是說，沒有這些因素可能股票沒有機會上漲，但有了這些條件，股票什麼時候上漲，也沒有人知道！比如，甲公司接了大訂單獲利可期，但這則消息被端上台面時剛好遇到國內的政治利空，人心惶惶大家忙著拋股票，誰也不敢持有股票，此時甲公司股價要上漲也很難。但這種情形對於長期投資的投資人卻會是個好機會，因為長期看漲的前提下，現在股價不漲買入價相對就偏低，是買入的好時點。不過，如果是短線投資人，一開始買入的心態就是要獲取短期的價差，考慮的因素則是「人氣」！

同樣的青蔥，今天有10個人要買與今天有1000個人要買，當然是有1000個人要買的情況會讓青蔥的價格變高，股票的價格也一樣，人氣匯聚價格就容易被推升，因此，在短線選股上，就是要用各種方式研判人氣的動向在那裡？

早期沒有網路資訊進行短線交易的投資人得牢牢的在證券公司(號子)裡盯盤，看到那一檔股票價格、成交

善用網路，找出人氣股票

排行榜篩選 剛開盤時，尋找流動性好、上漲率高的個股。如果遇到有滿意的個股，就留意股價圖注意其動向。

▼漲幅排行榜

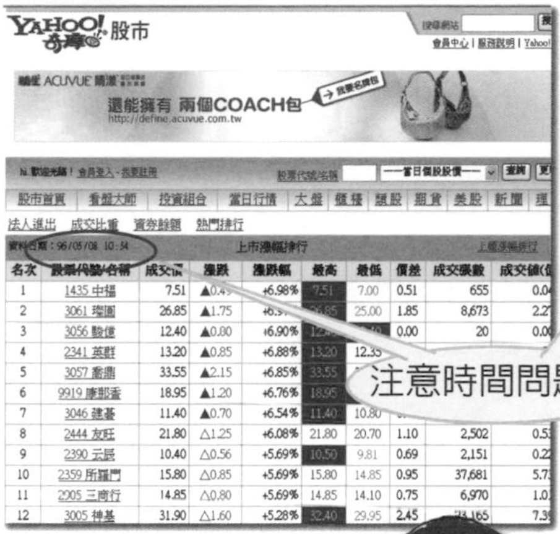

▼成交排行榜

Key Word

量有劇烈的變化就趕快採取因應措施，但現在網路資訊很便捷，投資人只要選對看盤工具並研擬出自己的一套交易法則，即使是上班族也可以有機會賺取短線價差。而且，這些看盤軟體大部份都是免費的，很多網站與軟體還提供類似「篩選器」的功能，你只要把相關條件設定好，就會自動交叉篩選，幫你挑出你所設定多條件符合的股票。

選股篩選器範例(http://www.moneydj.com)

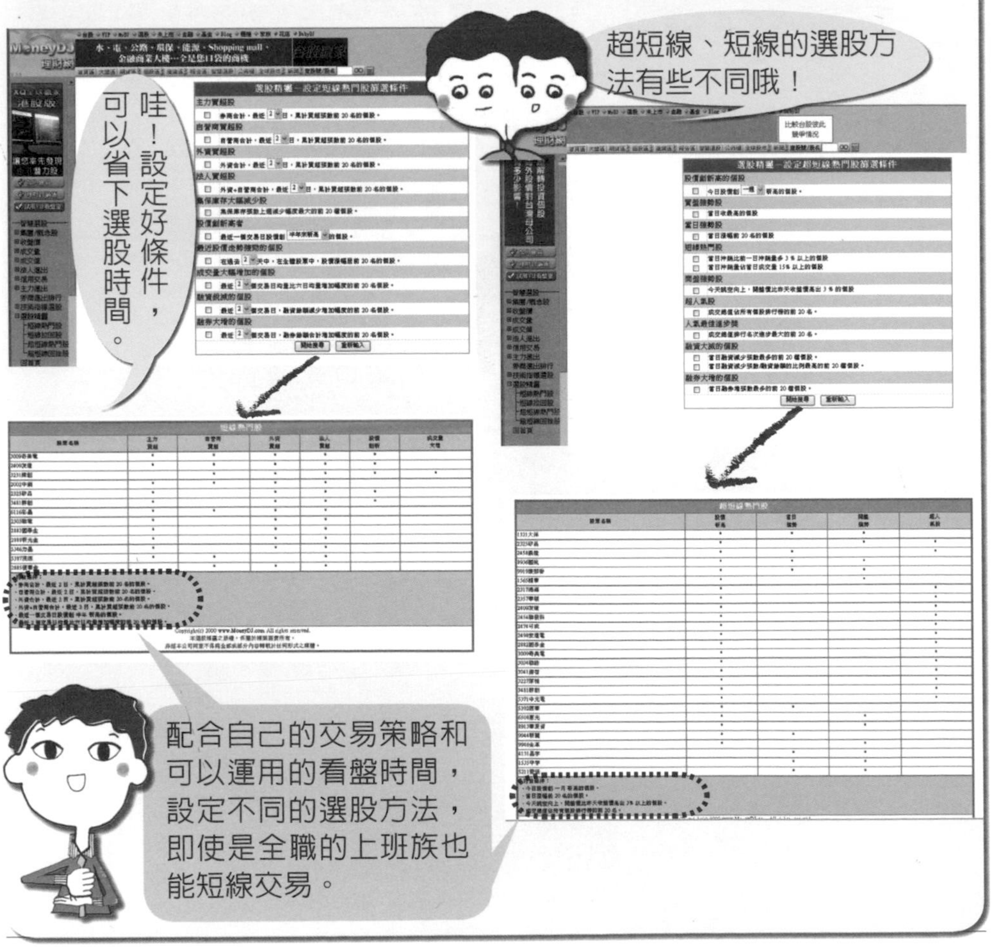

注意篩選條件與行情研判方法

不同網站(軟體)所設定的參數不完全一樣，例如，同樣名稱都叫「熱門股排行」但訊號的定義可能不同，在使用之前要先參考網站(軟體)的「使用說明」先充份了解定義。此外，要注意的是「時間」，是3天內法人買超？還是30天內法人買超？對於短線投資人是不一樣的解讀。

選股篩選器範例(XQ全球贏家股票軟體)

1 時間與自己的交易策略
2 訊號的定義
3 選股的使用技巧

行情篩選法②
事前擬定作戰計畫

並不是所有的股票都適合短線交易。決定勝負的重大機會一般不會輕易來臨。那麼，如何尋找候選的滿意標的呢？

鎖定特定產業當成研究目標

超人氣的行情並沒有辦法一直持續，但是一般會持續幾天。因此，進行短線交易的情況下，需要關注的就是有人氣的類股或個股。

前面提到，可以透過價格上漲率、新高價、成交量劇增等相關排行榜，挑選出幾天內價格變動較大的個股。

利用股票篩選器看盤選股雖然可以省力的挑出適合短線操作的標的，但也絕不是任憑市場人氣隨機波動而選股(如果已經很熟練的短線交易老手則不在此列)，股市的初學者最好先鎖定幾檔個股，平日勤收集資料，並熟悉該公司的基本面，包括歷史價位、產業、景氣循環等等。一旦發現這些自選的個股出現短線交易訊號時，就可以輕鬆的列入交易目標。

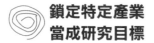

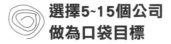

選擇5~15個公司做為口袋目標

國內上市櫃股票有1千多檔，要每一類股票都研究是不可能的，有經驗的投資人雖然會時時關注整體的股市行情，但最終只會選擇1到2類股進行交易，所以在市場上操作股票成功的投資人通常不太輕易的換產業類別發散性的隨機挑股，所以投資人有做面板的一直都在操作面板類股；做DRAM的就一直做DRAM的傾向。

專注在特定範疇內操作股票好處很多，若是沒有目標只是追逐盤面交易的人通常若不是頂尖的老手，就是還沒有進入狀況的新手，因此建議初入門者可以先鎖定一個產業並以5～15檔爲目標，放在「我的最愛」內隨時留意。如果能記住各檔股價變動的習性，以及變動的價格差等，就能在短

操作自己熟悉的股票

平日就選定15檔左右的交易對象，每晚用5分鐘時間，查看你所關注的個股從開盤到收盤的股價變化。先瞄準以下三項檢查看看是否在目標對象之列，如果能找到這樣的商標，就擬定戰鬥計畫！

1. **最近幾天的股價變動（價格差）很大**
2. **出現了新高價/排名比較靠前**
3. **有固定的價格變動規律**

範例：採用XQ全球贏家股票軟體自設看盤室

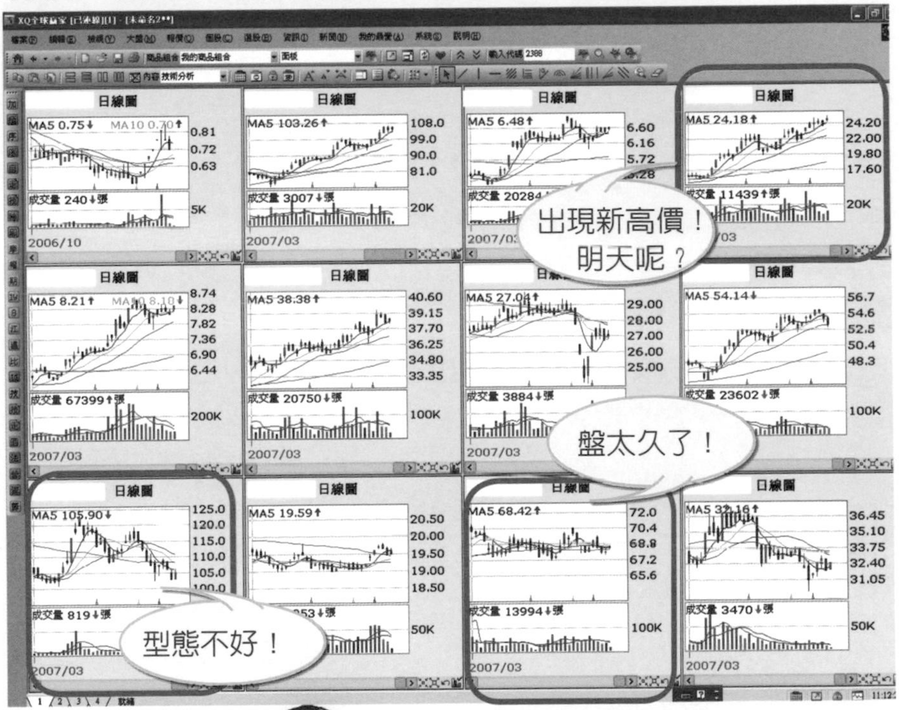

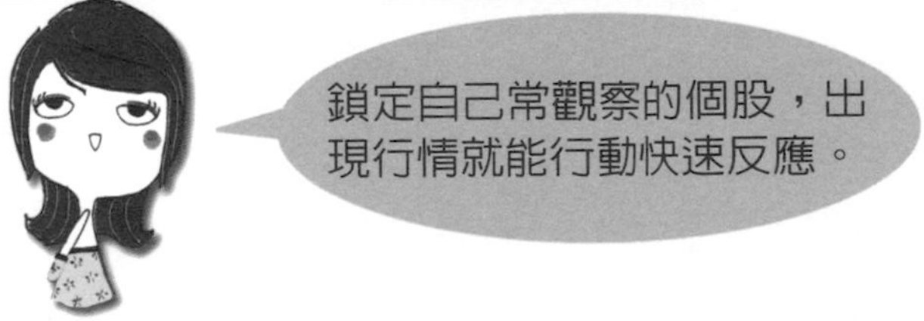

時間抓住交易和獲利的時機。畢竟是短線交易行情往往稍縱即逝，如果已經看到行情了卻得花一天兩天研究個股資料，等到要出手的時候行情已經走完了。所以，有本事賺短線差價的投資人通常已經事先練就很紮實的功夫！

此外，一個人能照顧的股票有限，並非每一檔都適合短線交易，前面所提15檔口袋股若發現有些一直處在下跌的趨勢或者處在持平趨勢，就隨時檢視換檔吧！

總之，如果交易目標確認是短線了，就沒有必要保留目前沒有動能的股票。

如何選擇目標企業

時裝市場有所謂的「主流」與「非主流」，股票也一樣，就人氣度來分也可以分成主流股與非主流股。所謂的主流股就是指那些較能吸引資金進駐的個股。

投資人當然可以從基本面去研究那一類股票是比較容易吸引投資人青睞的，不過，這樣子看似很務實的作法，其實困難度很高，換個方法投資人只要從「結果」來判斷就可以了。

怎麼說呢？

如果我們把在股市進出交易的人分成兩大類，一類是「主力」一類是「散戶」，當我們查看網路資訊，看到「主力」(外資、投信、自營商)大進大出，看到「散戶」也有很多人看好很多人看壞(融資、融券同步增加)，這種「交投熱絡」的個股就是「主流股」了。

掌握趨勢+個股+進退點

決定候選個股後，要觀察股價的變化，對每檔個股確立好「如果走勢這樣，就這樣因應」(見「股票初見面-長期投資」一書)的計劃。簡單來說，投資人可以把它想像是一套因應劇本，牢牢把握好「局勢+個股」，以及「進退點」。井然有序的操作，胸有成竹的獲利。

產業認識與研究 範例：XQ全球贏家股票軟體

STEP 2

面板？面板！！什麼是面板？賣給誰？用在那裡？看產業結構，就有個概念。

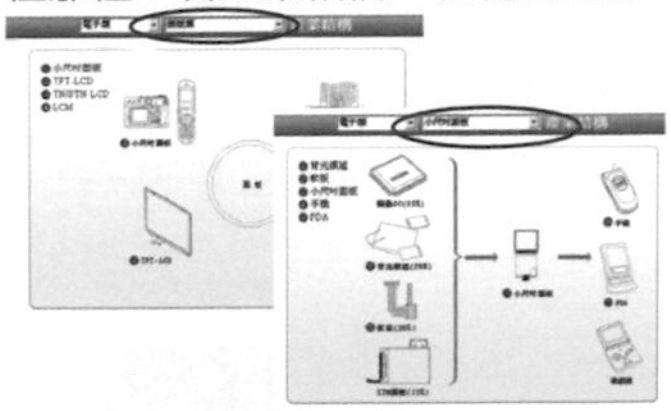

STEP 3

國內做面板的有那幾家？經營概況如何？在此超級比一比。

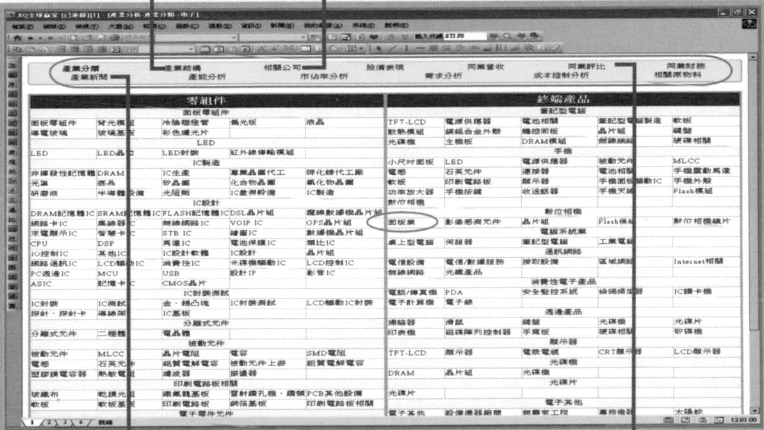

STEP 1

先從網路或看盤軟體找出產業分類圖鎖定1～2個產業（本例為「面板」）。

STEP 4

競爭力？先跟國內廠商比一比。

STEP 5

跟國際產業供應比一比。

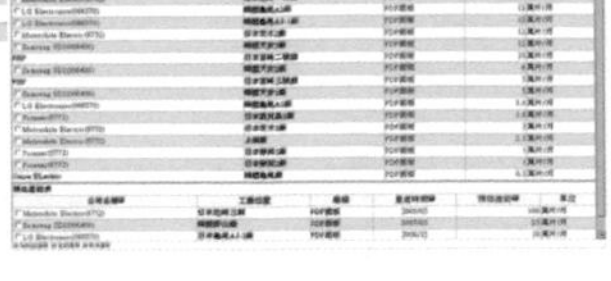

STEP 6

新聞那麼多不能大海撈針！把火力集中產業相關新聞！

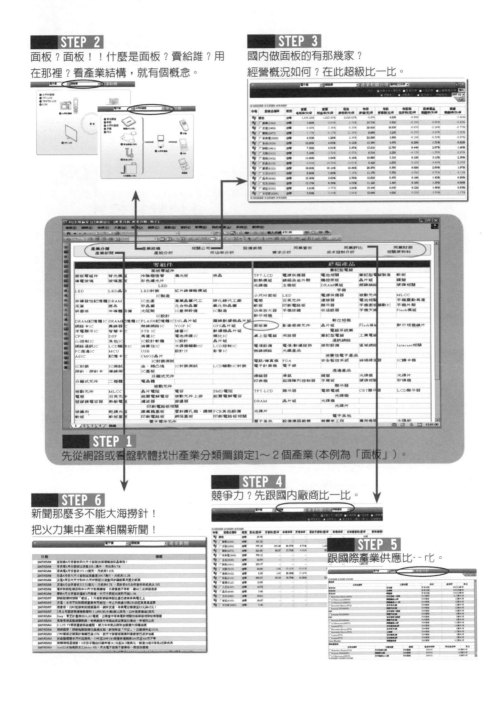

學習專家的技術① β值

過去曾是投資專業人員而轉爲全職短線交易者大有人在，他們是如何判斷行情與選股的呢？

各家各派有關股票交易的竅門很多，以下選擇常見的做爲說明。

關注「β值」獲得平均股價以上的收益

β值是衡量一段特定時間內，個別資產(如：個股)報酬受到系統風險影響的大小，也就是當市場(如：指數)報酬變動時，個別資產的預期報酬也發生變動的程度，也就是投資這項資產要承擔的系統風險。

β值可以分爲很多種，例如歷史β值、預測β值等等，有點類似投資人所熟悉的「本益比」，如果拿過去的每股盈餘做爲分母，現在的股價當分子，所得的本益比就是歷史本益比；如果以還沒有發生而事先預測的每股盈餘當分子，算出來的結果就是預測本益比。β值的計算比較複雜，但原則也差不多，都是投資人參考的選股指標。

info

β值計算公式

$\beta i= Corr(Ri,Rm)\cdot si/ sm$

Corr(Ri,Rm)：表示市場報酬率與個別資產報酬率的相關係數。

si：表示個別資產(如：個股)報酬率的標準差。

sm：表示市場(如：指數)報酬率的標準差。

或$Ri=\alpha+\beta*Rm$

Ri：表示個別資產(如：個股)報酬率。

Rm：表示市場(如：指數)報酬率。

α為迴歸等式的截距。

β為迴歸等式的斜率。

用「β值」預測股價的波動幅度

▼加權股價指數

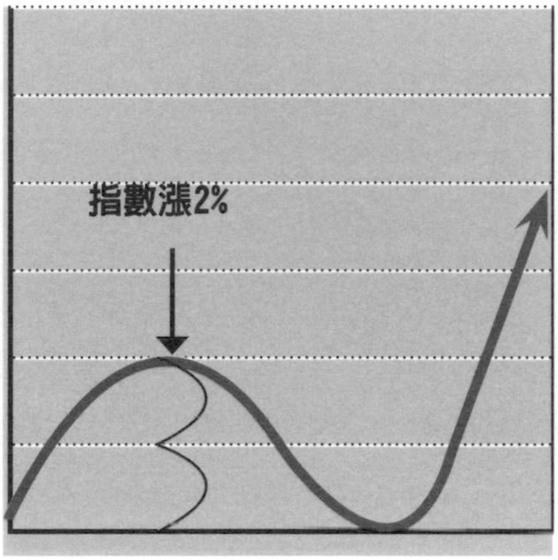
指數漲2%

個股的β值是指個股的股價變動與市場大盤指數變動的相關性。也就是當市值平均上漲1%時，個股的漲跌幅是β%。

β值若為2，大盤上漲2%，股價就漲4%。

β值若為0.5，大盤上漲2%，股價就漲1%。

▼個股股價

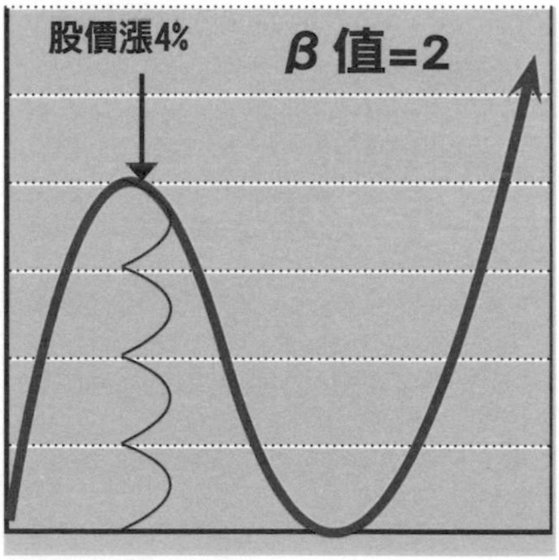
股價漲4%
β值=2

▼個股股價

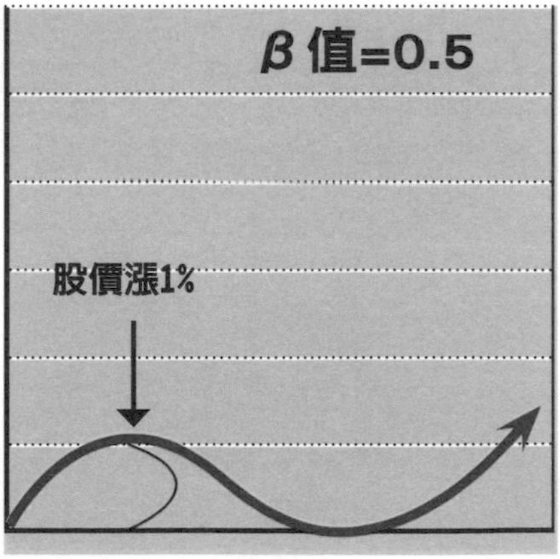
β值=0.5
股價漲1%

假設某個股「β值」是1，說明個股的價格變動和平均股價變動相似；如果是2，無論上漲還是下跌，都以指數變動2倍的幅度變動；如果β值是0.5，它股價波動的情況是股市的二分之一。因此面當平均股價上漲時，「β值」越高的個股，越能夠獲得較多的收益。

「β值」高的股票通常是成長性高的企業。以高β值為投資標的就能夠期待精彩的變動。不過，下落時速度也很快。所以，投資高β值的股票萬一發現趨勢改變，就應馬上撤退或者改站空方進行作戰，因為它的變動屬於「攻擊型」的。如果你的投資性格屬於比較保守的，就選擇β值較低的個股，這類股票股性較溫和，防守性較佳。

另外一種簡單的運用方法是，在市場多頭行情應買進β值大於1且數字較高的股票；當市場走空頭時，應該買進β值小於1且數值愈低的股票。採用這選股方法，當多頭市場來臨，所持有的股票上漲的速度就比大盤漲的速度更快；處於空頭市場，持有的股票下跌的情況就會比大盤跌幅低。

查詢個股β值可以利用證券公司的網頁，先進入個股資訊後，點選「基本分析」或「個股資訊」。
玉山證券 E.SUN SECURITIES
聯電(2303)基本資料
光寶科(2301)基本資料

用「β值」排行榜找股票

連上「選股大師網路地圖」(http://phs.nsc.com.tw/z/zK/zKMap.htm)→市場面選股→貝他值。再設定你所希望選股的條件，就會跳出孚合條件的股票。

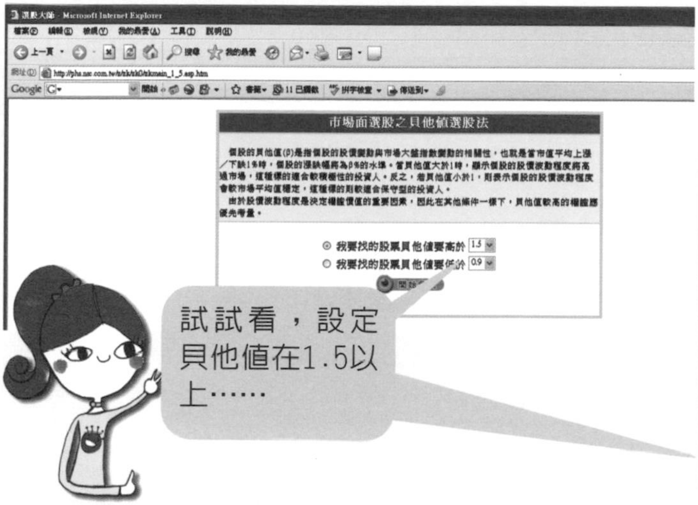

市場面之貝他值選股法

日期:5/9

股票名稱	現價	漲跌值	漲跌幅	貝他值
2354鴻準	334.00	-4.00	-1.18%	1.76
6182合晶	102.50	-2.50	-2.38%	1.65
2492華新科	30.10	0.00	0.00%	1.65
6244茂迪	410.00	-4.50	-1.09%	1.64
3265台星電	25.95	-0.10	-0.38%	1.60
2913農林	7.08	-0.07	-0.98%	1.60
2509全坤興	28.50	0.80	2.89%	1.59
8121越峰	42.30	0.90	2.17%	1.58
5483中美晶	154.00	-1.00	-0.65%	1.58
8240華宏	139.50	-4.00	-2.79%	1.57
1201味全	27.30	-0.80	-2.85%	1.56
1234黑松	15.05	-0.25	-1.63%	1.55
3298圓創	66.00	1.00	1.54%	1.55
8299群聯	323.50	-5.00	-1.52%	1.54
8261富鼎	48.55	0.35	0.73%	1.53
2485兆赫	66.20	-1.40	-2.07%	1.53
3264欣銓	29.00	0.20	0.69%	1.52
2454聯發科	456.00	-17.00	-3.59%	1.52
6237驊訊	211.50	-15.50	-6.83%	1.52
6243迅杰	116.50	-1.00	-0.85%	1.51
2501國建	19.65	-0.40	-2.00%	1.51
2371大同	14.10	0.05	0.36%	1.51
3095及成	106.50	0.00	0.00%	1.51
2328廣宇	78.00	0.00	0.00%	1.51
3191和進	43.40	-0.05	-0.12%	1.51
5351鈺創	38.60	0.00	0.00%	1.50
1437勤益	24.10	-0.20	-0.82%	1.50

選股條件:
我要找的股票貝他值要高於 1.5

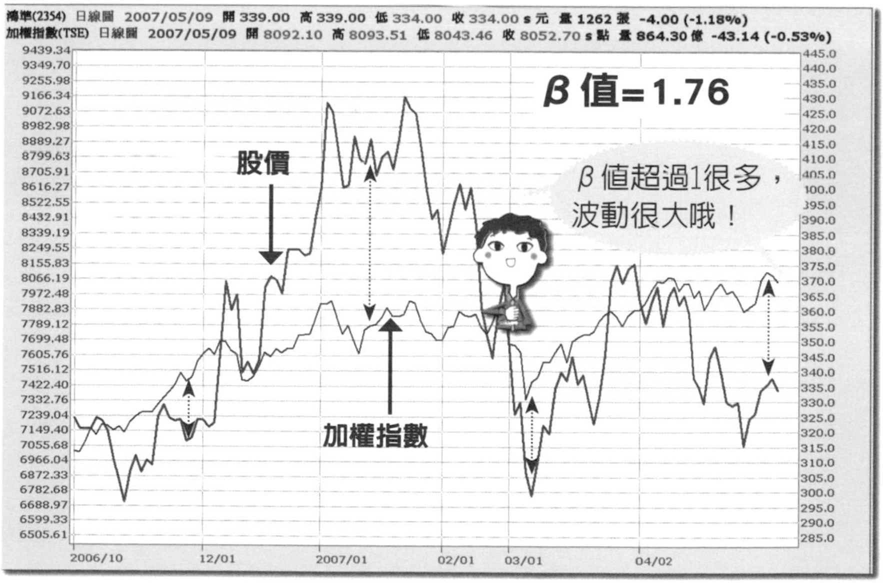

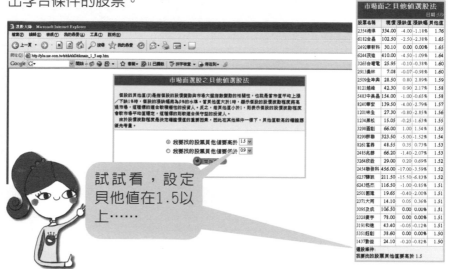

學習專家的技術②
掌握主流股

隨著經濟形勢和市場心理的不同，短線交易通常需要隨時改變作戰標的與方式。爲了掌握即時行情，要密切的留意市場的動向。

隨著市場心理、人氣改變交易目標

在國內交易股票，必須隨時察看新聞並了解「概念股」的動向，所謂的「概念股」不同於一般產業分類的方式。

股票之所以成爲「概念」，不外乎是匯聚了人氣匯聚了資金，而資金就如股市的氧氣一樣，沒有氧氣就沒有活力，當市場匯聚了人氣認同某一種「概念」時，股價就產生能量，所以，近來愈來愈多過去連想都沒有想過的概念股語彙在市場上，像是金改概念股、選舉概念股、地球暖化概念股……不一而足。

對於這些概念族群，投資人不需費太多力氣去分析，有時反而只是炒作股票的題材而已，雖然話是這麼說，但因爲資金匯集，常常會有不小的行情，值得留意的是這種概念股潮流常常改變。比方說，早年有所謂的「中國投資概念股」(簡稱：中概股）指的是前往中國投資布局的個股，不管是生產、技術、還是貿易，只要是在中國地區有投資題材的都稱爲「中概股」。但現在不重視中概股，而是流行所謂的「中國收成股」也就是公司不只要在中國投資，還得獲利才算。

利用網路掌握最新概念主流

什麼概念股當下最熱？

查網路是最簡易的辦法，上雅虎奇摩網→股市→焦點→熱門族群。就可以看到不同媒體對熱門族群的新聞或整理。先有它當資料再從基本面或技術面篩選出「該漲未漲」可能有補漲空間，或具備短期股價動能的股票，這樣選股就省力多了！

五花八門的概念股那裡找？

www.pchome.com.tw→股市→分類報價→概念股

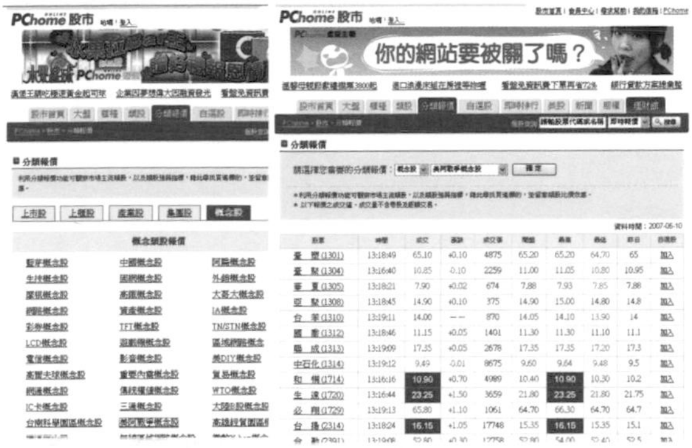

www.capital.com.tw/→大盤產業→概念股

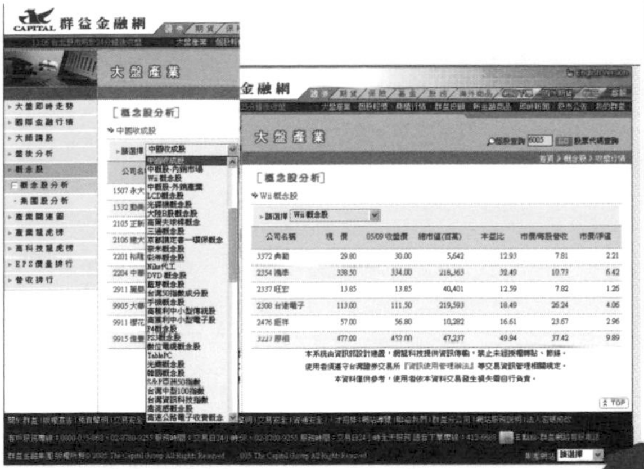

利用網站已經整理好的資料，方
便投資人對某一概念股研究並比
較，長期觀察的話可以發現某檔
概念股的反應總是早半拍，其他
的同類個股往往在其激勵下也會
跟著上漲，順著這樣的邏輯，早
點卡位就能賺到短差價。

YAHOO!奇摩 股市
歸納一下，出現最多次的，應該算最紅的。

幣別強弱、景氣榮枯與季節性行情

因爲產業特性的關係，國內不管是生產型或貿易型的廠商受匯率的升貶影響不小。

當新台幣升值，仰賴進口原料的企業因爲成本降低，獲利提高，股價就容易上漲；相對的，新台幣若升值，以出口爲主的產業因爲營業額變少獲利變少而不利於股價。尤其過去外資法人對國內科技業常有匯損的疑慮，新台幣升值常會影響外資持股，因爲即使企業不因匯損的問題產生股價衝擊，也會有實質上獲利的減少。

不僅匯兌市場如此，如果股市的未來趨勢不明，按照消去法的原理，食品、藥品、日用品等「防守型企業」股，以及電力、天然氣、鐵道等「公共事業」股也會上漲。

此外，也可以根據市場的繁榮度，變換投資標的。當交易不太活躍的情況下，可以投資小型股，通過價格差取得收益。相反，市場出現比較繁榮的局面則可以向鋼鐵、造船等低位大型股和金融股投資，可以獲得持續盈利的機會。

股市還有著名的「春節行情」，歷年來農曆春節的月份行情大多上漲，這個理由很容易理解，因爲過年期間銀根寬鬆且有年終獎金的投資熱。

市場是由群體心理決定的。追趕市場的潮流並不需要覺得丟臉（或說「沒創意」），對短線投資人來說，簡單思考，果斷進攻是成功的關鍵。

匯率對股市的影響

以台幣升值（假設從1美元兌33.3元升值到兌31美元）為例，
影響層面如下：

受惠族群

進口為主的產業，因為成本會降低（原本買一億美元的原料需33.3億台幣，升值後只要31億台幣），原物料股及MLCC股都是（例如台塑，台塑石化，華新科...等）.

受害族群

出口為主的產業，因為營業額會降低（原本一億美元的業績可換33.3億台幣，升值後只剩下31億台幣），很多電子股及紡織股都是（例如廣達，仁寶...等）.

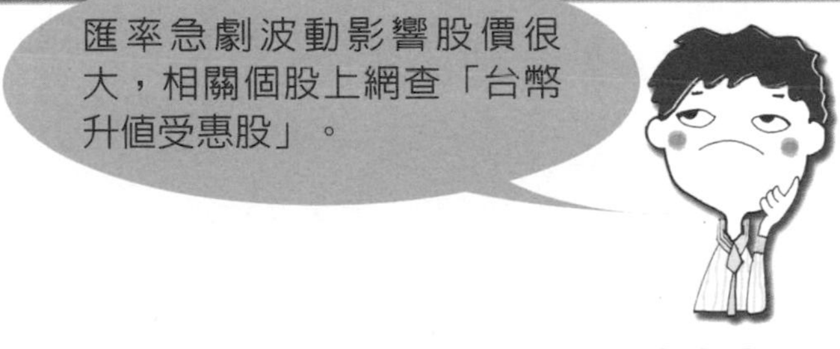
匯率急劇波動影響股價很大，相關個股上網查「台幣升值受惠股」。

Key Word

【防守型企業】

即使在股市低靡狀態下，業績也比較穩定，股價形勢較好的個股。

學習專家的技術③四季行情

隨行情波動買進賣出是短線交易的樂趣所在。

趁早瞭解接下來出現的波動將會帶來什麼機會這一點很重要。除此之外，很多投資人還會注意各種不成文的規律行情，以下以四季行情爲例：

第一季行情，空頭時最高．多頭時最低

國內股市的第一季行情，一直有「不是全年最高，就是全年最低」的說法，爲什麼呢？

有一種解釋是，當大家搞不清楚未來行情如何時第一季就「正常買賣」，但隨著第一季業績公布成績不理想，投資人開始持保守態勢，所以，如果全年行情是空頭市場，第一季往往就是行情最好的時候。

多頭市場則反過來，伴隨著業績不斷的超越年初的預測，股價愈走愈高，第一季反成爲全年的最低了。右圖是近幾年的大盤指數，讀者可參考。

第二季行情，密切留意股東會

依規定，上市櫃公司的股東會必需在六月底前召開；股東會的最後過戶日是股東會到期前60天；融券最後回補日是股東會最後過戶日的前6個營業日。

綜合以上的規定可以推算，假設公司就在6月30日召開股東大會，往前推60天就是4月30日前融券放空的投資人一定要回補持股，如果個股融券餘額高，時序往前推1、2個月的時間內都可能出現「軋空行情」，也就是空頭被迫回補股票而產生的買氣，這個時間點大約在3、4月左右，所以，操作第二季的短線投資者就得留意股東會的消息，除了可能產生的融券回補潮外，股東會是否有利多或利空消息也會影響股價。

第三季行情，除權後股價有大波動

留意不行文的行情規律

◯ 為第一季行情

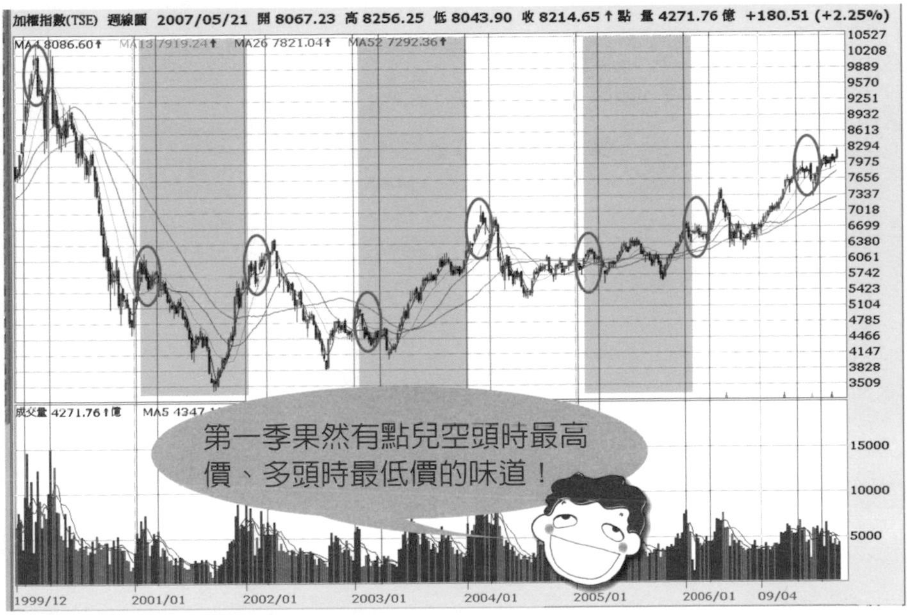

Key Word

【融券餘額】

融券餘額是指目前所有投資人放空某檔股票且尚未回補的張數總合。

股東會結束是發放股利的時候了，如果公司有賺錢，這時候股東們可以拿到不少的股利，投資人心想，從第一季到到第三季，股票漲多了，自己持有的股票不但價格上漲還多了「股子」（除權），獲利了結吧！！所以，多頭市場中第三季往往會有一波「賣壓」相對於做中長期的投資人而言，這裡反而是一個「揀便宜」的好買點。

若是遇到空頭市場，投資人參與除權的意願本來就不高，心想「參加除權會增加自己所得稅的負擔，且未來股價又不看好，算了，賣掉吧！」於除權前棄權、除權後股子股孫一起賣的投資人很多，所以此時股價容易打到最低點。此外，本季對於小型股而言，還有可能會出現「董監行情」。

第四季行情，瞄準明年作帳

年度末了，該是到了總結算帳的時候，最具代表性的就是「集團作帳行情」與「投信作帳行情」。

企業集團間互相交叉持股，基於「美化帳面」因素，在必要的時候通常會拉抬股價有助於減少認列投資部位未實現的跌價損失，因此，股市封關前一個月有些集團股會有作帳行情。但是並不是所有企業集團都會這麼做，就算投資人掌握集團作帳行情也得深入了解是集團底下的那一檔股票受惠。

年底還有一個很悍的作帳行情是來自於投信。由於管理基金的經理人們，年底的操作績效好不好跟升遷有很大的關係，所以一到年底自己喊進的持股會想盡辦法讓它上漲，畢竟，投信基金的績效是個完全競爭的市場，所有經理人的績效會被擺在天平上較量。然而，當比賽結束，行情可能就結束，投資人不得不慎。

在股票市場上沒有所謂的「一定」，行情永遠存在著變數，本文只是就歸納結果的推斷，不能當成鐵則。

如何搭投信法人作帳順風車

- 依法規規定，投信只能在每月月底公布前一個月的前五大持股明細。所以除非是私下打聽或累積觀察，即時性的持股並非公開資訊。因為這可是它們的業務機密。
- 那麼，一般投資人如何知道呢？專業的報章媒體通常在靠近季底、年底時會為讀者整理出，或者你可以自己留意每家投信基金的持股變化，就可以當成追蹤對象。
- 所謂的「作帳行情」大都不出「認養、鎖單、拉抬、出貨」的步驟，一般投資要想「跟」也得快手快腳，若跟的節奏沒有捉對，反而成為別人出貨時的最後一隻老鼠，那就會套很久！
- 投信作帳拉抬的對象常具有以下的特色：1.股本小(30~50億間最多見)。2.市場認同度高。3.本益比低。4.融資餘額低。5.成交量不少。6.有題材。7.業績有潛力。8.投信已買進，但本身被套牢。

要記住不能當最
後一隻老鼠！！

Key Word

【董監行情】

小型股比較有可能會出現「董監行情」。若企業發展看好，大股東既有持股過低地位很可能不保，而有些法人或大股東也會為了搶董監席次而買進股票。當發生上述情況時，就容易出現上漲。

短線成功的祕訣——賣出or撤退

只要有一點投資經驗的人都知道交易最難的就是抓住賣出時機。若時時徘徊在「啊！賣太早了！」與明明失算了卻仍然保留股票而後悔之間，通常最終只會賺到小小的錢，卻「捏著一把縮水股票」這是投資大忌啊！

成功的關鍵在於弄清是「賣出」還是「撤退」

因此短線交易事前要把心力集中在選到對的標的物，並提早做好下一步的打算。對所交易的股票未來的趨勢要有自己的因應劇本，設定賣出時機（獲利了結）和撤退（停損點）。漏掉了這些操作程序而性急的買進，就會迷失在行情的變動下。有時候不得不承認自己的失敗，確定損失了，即使心理上非常不甘心，但通過徹底的實踐可以學習怎樣進行風險管理，整體收益還是會增加。誰都期待股價大幅度上漲，但也不要太貪婪。

採用逆指定的短線交易原則

一般買股票的邏輯是「股價低時買進、股價高時賣出」，然而，短線投資人得先假定，股價短期內會朝著一定的運動方向前進，並借助過去股價的參考值，當研判行情走高，投資人就站在多頭的一方，假設股價在還沒有跌破支撐線之前將繼續朝多頭的方向前進，那麼，你所設定的「劇本」就是：漲到獲利滿足點獲利了結，若是行情跌破支撐線以下，表示行情看錯了，就撤退出場。這種預設上漲行情落袋爲安、下跌行情停損出場的交易方式與一般進行中長期投資者「低買高賣」有所不同。

具體應該在什麼情況下停損呢？

過去股價的「轉捩點」是非常重要的判斷材料。一般轉捩點以跌破最近低價的水準，以及利用移動平均線推測預測值爲標準。

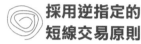

事先推演交易(OK)與(NG)的劇本

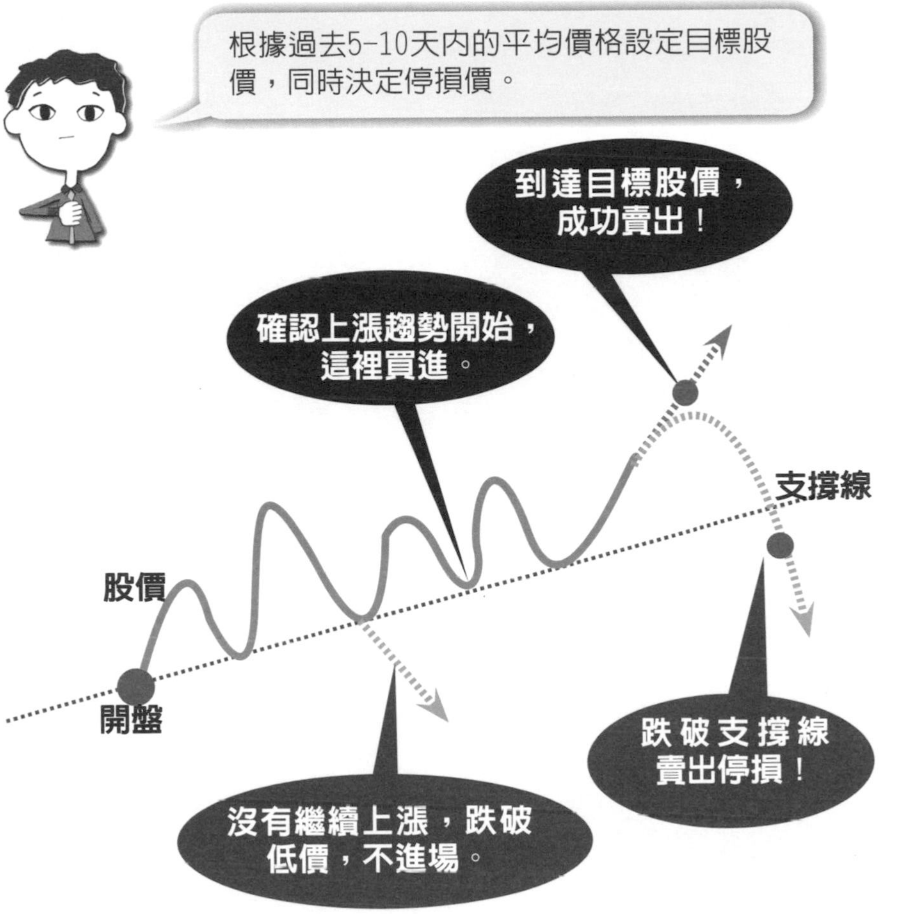
根據過去5-10天內的平均價格設定目標股價，同時決定停損價。
到達目標股價，成功賣出！
確認上漲趨勢開始，這裡買進。
支撐線
股價
開盤
跌破支撐線賣出停損！
沒有繼續上漲，跌破低價，不進場。

	OK		NG	
買進	OK	從開盤後開始上漲；上漲趨勢持續	NG	開盤後下跌；上漲趨勢結束
賣出	OK	達到目標股價獲利出場	NG	開盤後下跌；上漲趨勢結束

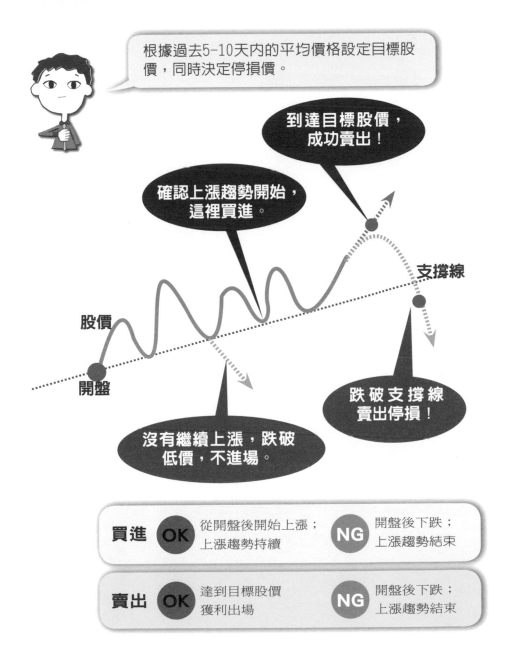

5分鐘K線圖的看圖法

前文提到，短線交易的成敗與技術分析有關係。除了常用的日線、週線外，短線交易還必須具備的「工具」還有時間更短的1分、5分、15分、30分鐘K線圖。

只要是K線圖 基本的看圖法相同！

這麼短時間的K線圖，應該如何看呢？

以5分鐘K線圖爲例，它表示每5分鐘的4個價格（開始價、最高價、最低價、最終價）變化。5分鐘K線所排列成的K線圖形跟日線、週線看壓力、支撐、型態的方法都相同。其對股價和移動平均線位置關係的判斷和其他股價圖區別不大——

股價高於移動平均線的狀態，可以看作是上漲趨勢；股價跌破移動平均線時原則上可以獲利了結或者停損。

5分鐘K線圖 捕捉瞬間的行情動態

5分鐘K線圖表示短期的變化，只選看6根移動平均線通常會出現頻繁和股價交叉的現象。所以，一般配合觀察5分鐘K線是在12根移動平均線上面還是下面。

5分鐘K線圖若要捕捉買進時機可以採用12根移動平均線爲大致的標準。也就是，股價突破12根移動平均線的地方可以視爲買點。

此外，也要確認KD、MACD等其他指標，從而冷靜沈著的做出判斷。比如，出現較長的3根陽線後，說明短線行情眞正開始上漲。

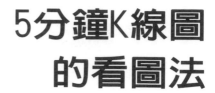

短線交易中經常使用的5分鐘K線圖

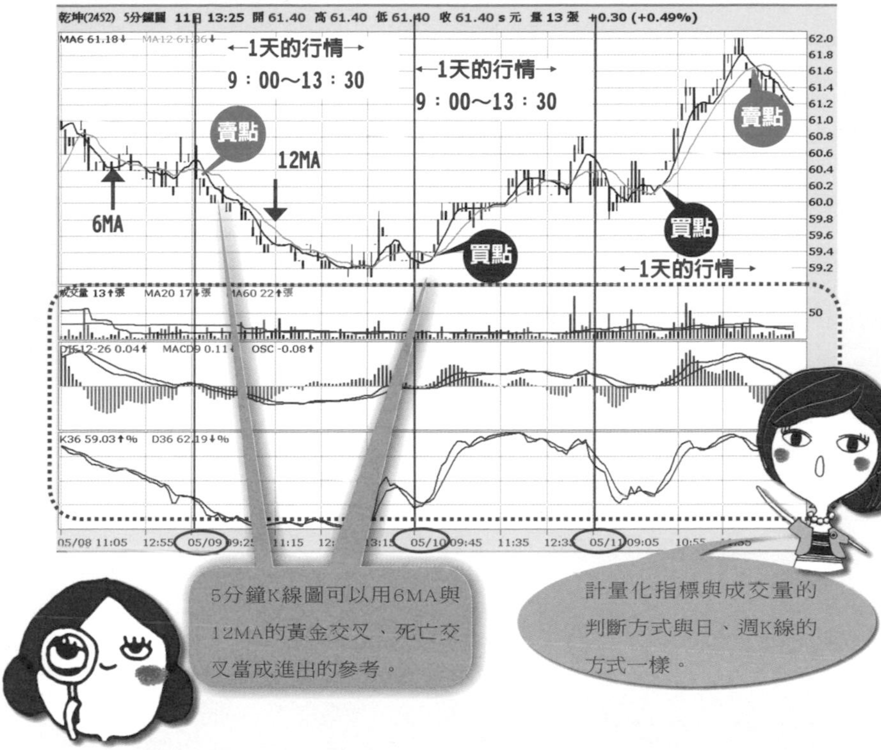

【5分鐘K線圖的移動平均線】

6MA **6根移動平均線**	**6×5分鐘** **就是30分鐘移動平均價格的連結線**
12MA **12根移動平均線**	**12×5分鐘** **就是60分鐘移動平均價格的連結線**

開盤看圖法

看圖解盤的交易方式對於短線投資人很重要，尤其是看開盤跟看尾盤，這其中雖然有很多「規則」可循，但也因為這些「規則」反而可能被短線投機主力當成「陷阱」誘殺散戶，所以，學習的同時也要避免跳進主力的陷阱。

以下的看圖法為一般常用的方式，實戰場上還得配合量、時間、計量化指標、消息面等多面配合，將來會有專書出版。

開高盤、開低盤、開平盤意義不同

開盤，是一整天行情很重要的一個環節，因為多空雙方經過一夜的沉澱，相對於前一天的收盤而言，若是開高盤，說明人氣旺，搶籌碼的心理較多，市場有看好的一面，但是，若是開得太高，使得前一天買進的投資人心想「不錯，賺到錢了，落袋為安吧！」反而容易因為獲利回吐而把行情打下來。相同的，如果開盤開低，表示獲利回吐心切，或投資人看壞行情，認為即使損失一點只要能賣掉就好的心態，未來就有看壞的可能。

如果開得不高也不低，說明多空暫時沒有戀戰的情緒。

開盤15分鐘多空決戰場

富有研究精神的日本投資人很早就研發出「開盤八法」解構開盤情況，預測極短線的走勢，這套技術是利用開盤前15分鐘每5分鐘的趨勢，也就是9：05、9：10、9：15等三個時間段的指數漲跌以推算當天的趨勢。

利用這種開盤模式研判一天行情就好處來看，它可以讓投資人有一定的依循規則，不致於對著盤面搞不清楚今天到底要站在多方還是空方，至少可以降低「逆市操作」的風險性。不過，也有其缺點，比方說盤中有突發性利多或利空消息時準確性將降低；

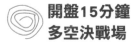

開盤模式的取樣方式

前一天 收盤指數(價)	9：05 收盤指數(價)	9：10 收盤指數(價)	9：15 收盤指數(價)

比較（前一天 ↔ 9：05）：9：05數值大，為「漲」簡記「＋」。相反為「跌」簡記「－」。

比較（9：05 ↔ 9：10）：9：10數值大，為「漲」簡記「＋」。相反為「跌」簡記「－」。

比較（9：10 ↔ 9：15）：9：15數值大，為「漲」簡記「＋」。相反為「跌」簡記「－」。

範例（截稿前取最近三天的大盤指數為例。）

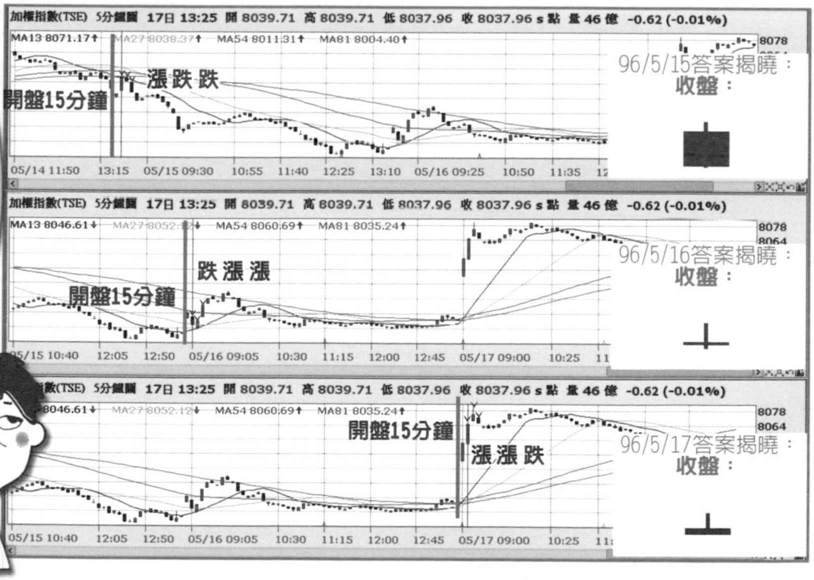

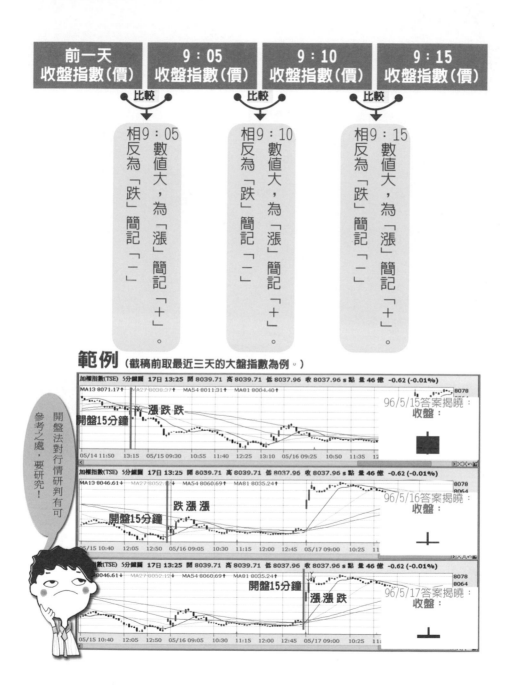

開盤八法

開盤模式	排列方式	形成因素預測	當日趨勢預測	多or空
1 連3漲	+，+，+	· 有利的題材出現。 · 關鍵價位點被突破或跳空突破。 · 大型績優股領軍上漲。 · 處於上升趨勢中，大漲小跌。	· 收中長紅。 · 次營業日短線仍有高點。 · 指標強勢股出現大紅棒或漲停。 · 價量配合得宜。	多
2 連3跌	－，－，－	· 不利的題材出現。 · 關鍵價位點失守或向下跳空。 · 大型績優股帶頭下跌。 · 處於下跌趨勢中，大跌小漲。	· 下跌趨勢。 · 次營業日短線仍有低點。 · 指標強勢股出現大黑棒或跌停。	空
3 1漲2跌	+，－，－	· 通常在下跌趨勢中出現。 · 指標股已失去領軍作用與效果。 · 主力股有拉高出貨的可能	· 下跌趨勢。 · 指標股可能下跌並出現大成交量。	偏空
4 1跌2漲	－，+，+	· 在上升趨勢中出現。 · 開盤後指標股繼續上升，但部份個股因投資人獲利了結而反壓。 · 可能有主力介入。 · 可能高低檔換手時常出現。	· 拉回整理時會有買盤出手，且追價意願積極。 · 震盪行情中底部愈來愈高。 · 留下下影線以紅棒作收機率高。 · 下個交易日仍有高點可期。 · 盤中價量配合。	偏多

開盤模式	排列方式	形成因素預測	當日趨勢預測	多or空
5 2漲1跌	+，+，−	・在上升趨勢中出現。 ・震盪趨堅。 ・底部漸漸高，但不一定能收在高點，有帶上影線的壓力。 ・價量配合上漲可期；若價量背離宜觀望。 ・指標股是大盤發展關鍵。	・原則上作多。 ・介入以當日強勢股爲主。	偏多
6 2跌1漲	−，−，+	・可能正處於盤跌行情。 ・反彈的行情也有可能。	・低檔可能有支撐買盤。 ・選擇有指標性的個股爲主。 ・易帶下影線，次日尚有高點可期。	偏多
7 1漲1跌1漲	+，−，+	・漲跌的幅度有限，屬於橫向整理的格局。 ・成交量不會太大。 ・指標股出現不強烈，或是沒有指標股。 ・行情不會有太大的變化。	・有可能盤跌，也有可能盤漲，暫時觀望。	盤整
8 1跌1漲1跌	−，+，−	（同上）	（同上）	（同上）

也有人是採第一個10分鐘、第二個10分鐘、第三個10分鐘研判當天趨勢。此外，收盤的最後15分鐘，也有指標性作用，尾盤走淡的話，要留心隔天可能開低盤，必要的話，就賣出以防隔天更強力的下殺；尾盤若走強的話，也可以適當的持有，迎接第二天可能開高的行情。

另外，開盤法不少老練的短線投資人都採用，這反而成爲主力很好操控的「盲點」，當主力要誘殺散戶時，只要把開盤的圖形「做出來」讓投資人跟進，再伺機左右行情，就可以達到主力出貨(吸貨)的目的了。

因爲開盤的前面15分鐘參與交易的投資人還不多，買賣盤不大，有心人士可以用不需很大的資金就能達到他所要的目的，但隨著時間愈往後參與的人多，買賣盤就比較實在了。

此外，在盤整行情中，開盤八法也會變得訊號不明顯，此時，就需要搭配其他技術指標。

TICK圖的畫法

短線交易重在行動很敏捷，除了5分鐘K線圖，還會用到「TICK」和「1分鐘」這樣的股價圖。

英語中TICK表示時鐘走動的聲音，在股票中，表示競價中約定成功的各個交易的資料也叫TICK。

TICK股價圖按順序將交易時間內約定的所有價格用點表示。能夠抓住比1分鐘K線更短的時間間隔內的股價詳細變動。

1分鐘K線圖顯示最短期的波動

1分鐘股價圖介於TICK和5分鐘K線圖之間。投資人可以運用TICK察覺的行情氛圍，運用技術分析方法冷靜的進行判斷。其分析的方法和其他股價圖沒有兩樣——

連結最近的高價和低價，得到趨勢線，捕捉到股價的方向性後再探尋買進和賣出的時機。

以分爲單位的微小趨勢中也有最高價和最低價之分，可以通過1分鐘K線圖弄清這個重點。

通過1分鐘K線圖和TICK查看變動

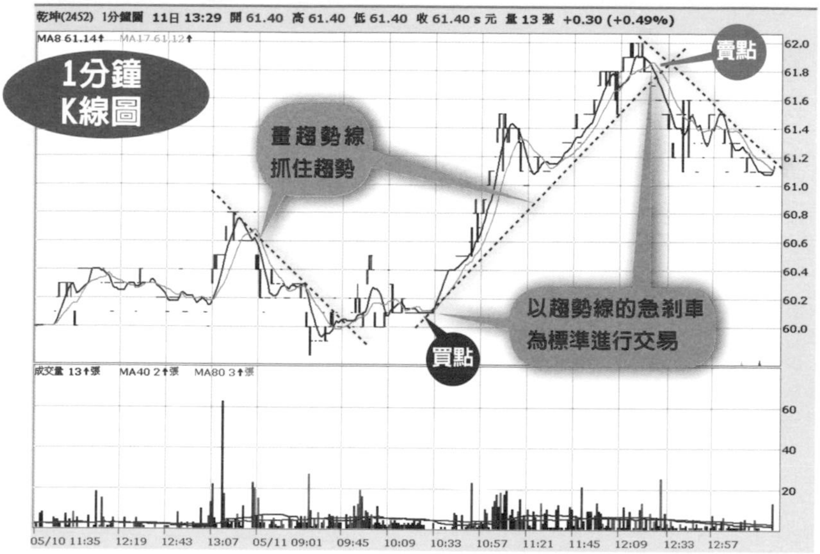

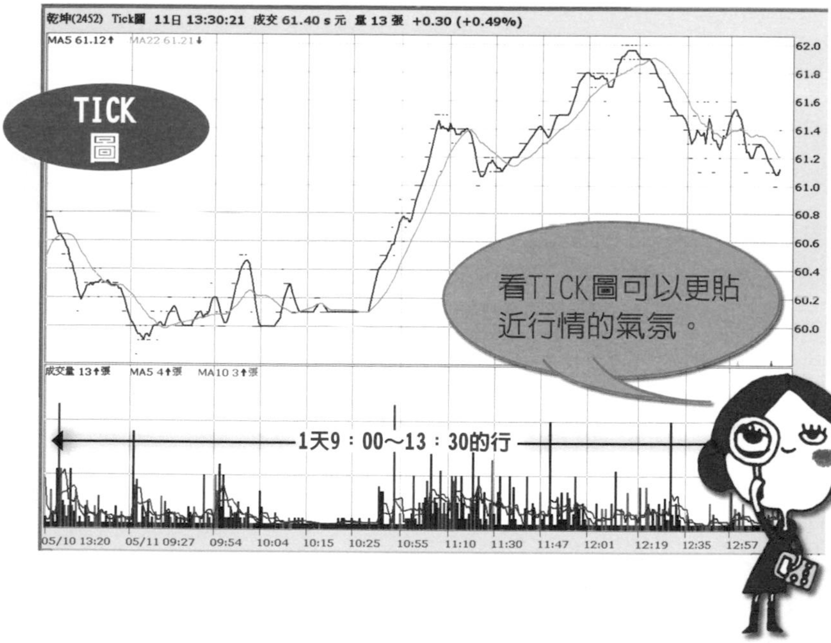

如何知道買主賣主的計畫

股價線圖記錄了交易的結果。相比之下，委買委賣最佳5檔揭示，顯示了到達這個價格的過程。

最佳五檔買賣價量揭示

買賣股票的方法有兩種，一種是「限價交易」也就是投資人自己設定一個價位，到達那個價位電腦將自動成交；另一種是「市價交易」也就是投資人不限定價位，一律買單以「漲停價」買入，賣單以「跌停價」賣出。

幾年以前，證券公司還獨佔預定交易的買賣量資訊，個人投資者不易看到個股交易預定的情況。

但現在利用網路就能看得到上下最佳五檔的買賣價量。利用這個揭示板，能看出一部份目前想要買進與想要賣出者心中的價位與數量。

你知道賣主和買主的計劃嗎

以右上圖為例。中間是限定的價格，左邊是預定要賣的單量，右邊是預定要買的單量，也就是說，目前交易所收所到預定在100元要賣出的有22張、在99.5元要賣出的有37張；在95.5元要買進的有54張……依此類推。

以現在看，買賣雙方沒有交集所以沒有成交。

那如何才能成交呢？我舉下面三例做為說明。

例《1》：若出現有人以97.5元賣出20張，揭示板上將出現「成交97.5元，單量20」的字眼。

例《2》：若出現有人以98元買進10張，揭示板上將出現「成交98元，單量10」的字眼。

例《3》：若出現市價交易買進50張，揭示板將出現「成交98.5，單量50」的字眼。

不要過度相信版面

初次學會看價量揭示板的人也能

股價是誰決定的呢？

股價是「賣出狀態」和「買進狀態」的價格和股數互相妥協的結果。如果出現例《1》–例《3》的預定，交易將成立。

限價賣出
想要以限定價錢賣出的人，就在這裡排隊！

賣量	價格	買量
22	100	
37	99.5	
54	99	
34	98.5	
17	98	
	97.5	32
	97	57
	96.5	75
	96	66
	95.5	54

限價買進
想要以限定價錢買進的人，就在這裡排隊！

例《3》若出現市價交易買進50張。
顯示 成交：98.5 單量：50

例《2》若出現98元買進10張。
顯示 成交：98 單量：10

例《1》若出現以97.5元賣出20張。
顯示 成交：97.5 單量：20

注意「市價交易」！
「市價交易」是指無論價格是多少，都以當時跌停價(最低價格)買進，漲停價(最高價格)賣出的預定方法。

當賣量掛單壓倒性的大於買量，表示想賣的人很多。

賣量	價格	買量
220	100	
370	99.5	
540	99	
340	98.5	
170	98	
	97.5	32
	97	57
	5	75
		66
	.5	54

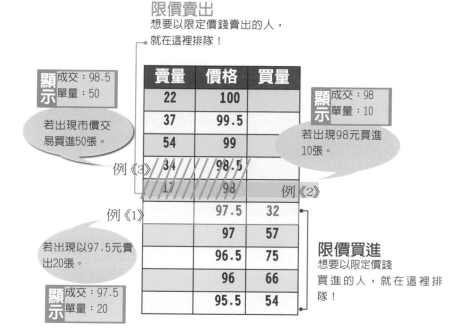

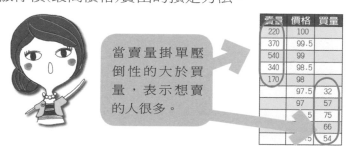

反應出，「比較賣出和買進各自的預定數合計，能夠大致預測行情的上漲下跌！」

沒錯，版面上賣出量多，股價不易上漲，買進量較多股價不易下跌。而且即使買進有優勢，如果在某個價格出現大量的賣出狀態，那麼，上漲趨勢將很難達到頂點……。以上是很容易理解的事情，雖然「版面」可以讓投資人瞭解檯面上多、空的攻守情況，但還是要小心謹慎。首先，「版面」中不會顯示市價買進或市價賣出的情況。比如那些心想：「價格不是問題，想馬上買進（賣出）就好」的人從版面中是無法看出隱藏的買賣雙方動向的。就以我自己的習慣而言，即使經常採用短線交易，也很討厭排隊的感覺，總是以市價買賣。

此外，這往往也是主力作價的一個機會點。比方說，當股價已經被迫退到低點了，主力可以在賣1、賣2、賣3、賣4、賣5(見右圖)掛大量的單，使投資人以為賣壓真的很大，等到大家看壞行情而出售持股時，主力快速的取消委託賣單，如此，主力就「吃」到了便宜的貨了。相對的，主力在買1、買2、買3、買4、買5布大量的買單，讓投資人以為會繼續上漲，等到大家追價的時候，再刪單並賣出，股價就可能快速的下跌。

內外盤是什麼意思？

看盤的時候，還會看到「內盤、外盤」，所謂的「內盤」指的是以現在的「買價」成交；「外盤」是指以現在的「賣價」成交，也就是看當時新增的買賣單是落在那一個價位來決定。

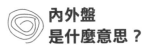

以右圖為例，目前買進價是97.5，賣出價是98，這表示有人願意用97.5買進，而且掛了買單；也有人願意以98元賣出，並且掛了賣單，但上述這兩張單子並沒有交集，所以不會成交。

這時，如果小美手中有這檔股票，並願以97.5元賣出，其賣單就會跟目前的97.5元買單產生交集，於是就成了「內盤價成交」；另一位投資人小花花覺得用98元買進也還划算，就掛個買單，於是就會跟現在的98元賣單產

內外盤價的計算方式

賣方：外盤價

外盤價目前最低是98元。如果現在的成交價是98元，就是外盤價成交。

賣量	價格		買量
22	100	賣5	
37	99.5	賣4	
54	99	賣3	
34	98.5	賣2	
17	98	賣1	
買1	97.5		32
買2	97		57
買3	96.5		75
買4	96		66
買5	95.5		54

學看盤，也得學會如何不誤入主力的陷阱哦！

內盤最高價和外盤最低價在盤中的變化是以掛單為準。比如98元的賣單都被買完了此時外盤最低價就是98.5元了然後再繼續撮合。

買方：內盤價

內盤價目前最高是97.5元。如果現在的成交價是97.5元，就是內盤價成交。

Key Word

【即時報價的顏色】

看即時報價系統時，會發現成交價一直變換不同顏色，每家看盤軟體不同，但以外盤價成交，通常是「紅色」，以內盤價成交通常是「綠色」或「藍色」，以不定價成交，也就是不一定在最佳五檔價格成交通常是「白色」或「黃色」。

生交集，就成交了「外盤價成交」。

至於市場會有多少像小美一樣願意用97.5元賣的投資人？有多少像小花花一樣用98元買的投資人？要看當時投資人對這檔股票的預期以及想持有(或賣出)股票的急迫性。

簡單來說，如果大多數人看漲的情況，那麼以「外盤價」成交的機會就高一些些；如果大多數人看淡，以「內盤價」成交就會多一些些。

有些看盤軟體或網站，還會秀出內、外盤的比例，它的意義是指截至目前爲止，以內(外)盤價成交的佔總成交的比例是多少，所以兩者相加一定會等於100%。

比方說，如果內盤成交比例是46%，外盤成交必定是54%。一般認爲外盤成交比例若明顯高於內盤成交比例很多，表示買盤強，股價容易上漲；若是內盤成交比例比外盤成交比例大很多，就表示賣盤強，股價容易下跌。

可以從內、外盤預測股價漲跌嗎？

通過內外盤的比例，可以嗅到當天是主動性的買盤多還是賣盤多。但投資人最好能結合股價所處的位置與成交量綜合研判。因爲就實際的情況，有時外盤成交量大，價格卻不一定上漲；內盤成交量大，價格卻不一定下跌。一般說來，如果股價已經跌了幾波，相對來講股價偏低，且成交量縮小，之後出現成交量慢慢變大，外盤大於內盤，股價上漲的訊號就比較可靠；相對的，股價已經漲了幾波，價位相對高，成交量也大，大有「漲到頂」的勢態，接著內盤大於外盤，股價下跌的訊號也會比較可靠。此外，外盤成交比例大增，但股價卻不漲，這種「怪現象」很可能是主力製造的假象，快賣出持股吧！相對的，若是內盤大量增加，股價卻不跌，同樣是「反常」，也有可能是主力假打壓眞吃貨，就可以選擇站在買方。

內外盤成交比例的意義

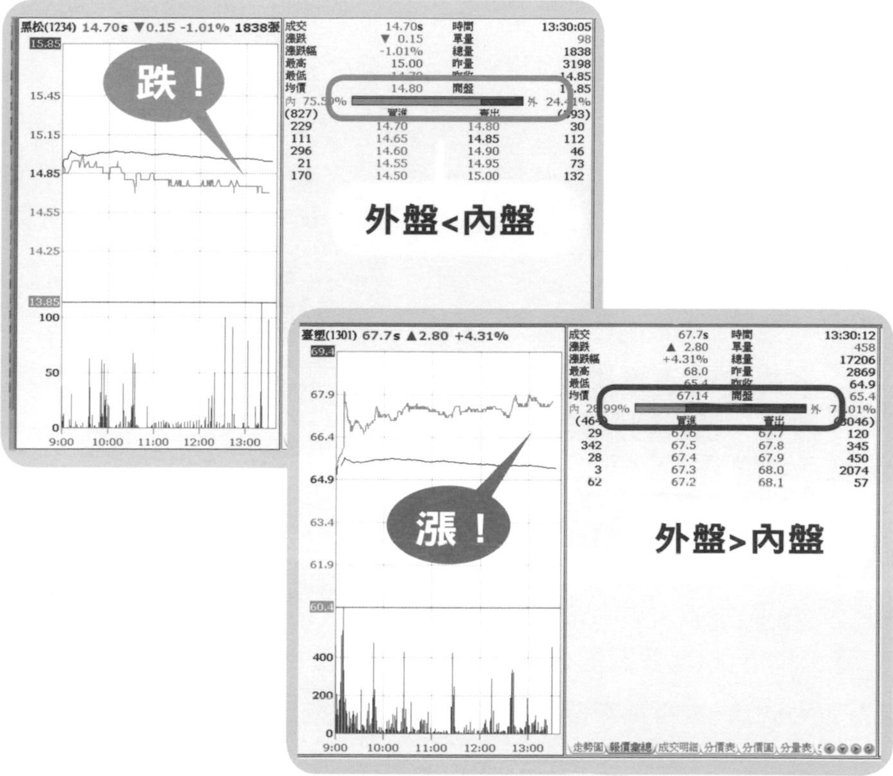

若成交內盤大於外盤很多，價又不跌，可能是漲勢。
若成交外盤大於內盤很多，價又不漲，小心是跌勢。

短線交易 三個套裝MODEL

「比起學習知識，實戰更重要。」這句話非常符合股票短線交易者。

股市交易不只要學習理論和方法，積累交易經驗培養微妙的平衡感也很重要。

小幅度的價格變動下進行買賣，積累利潤與經驗

股市初學者在對自己的判斷變得有信心之前，最好先嘗試從短線、小額獲利開始，比方說，把停利設定在6%，停損設定在4%。等有信心後，再逐步的加大價差，或再重新擬定投資策略。

股票投資要有「停利與停損」的計畫，尤其短線交易者因爲掌握的是股價「暫時性失調」的微妙波動，不能期待出現大的價差，萬一行情不如預期就要立刻停損。値得高興的是，手續費自由化以來，網路交易的手續費逐年減少。即使頻繁的進出也不用擔心成本太高。關鍵在於自己是否能夠冷靜；出現現實和自己的預測相反時怎樣應對。

以下提供給讀者三套交易方法：

短線初學者model① 目標在2~3天

- 鎖定市場上的中小型股且當時股價偏低。(中小型股主力容易拉抬，尤其是籌碼不亂的個股，即使遇上市場大勢不佳，主力也有能力把籌碼買回，所以相對較不受影響；但若是大型股，遇到大盤賣壓太重，大多數人想賣股票時，主力也可能跟著棄守。)
- 日K線的形態好。
- 5日、10日、20日均線多頭排列。
- 技術指標強勢。比方你可以鎖定MACD這項指標，查看5分鐘、10分鐘、30分鐘的MACD至少有兩個以上已經出現買進訊號的。

若能找出以上4種條件孚合的個

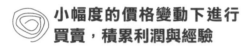

2～3天短線交易的模型

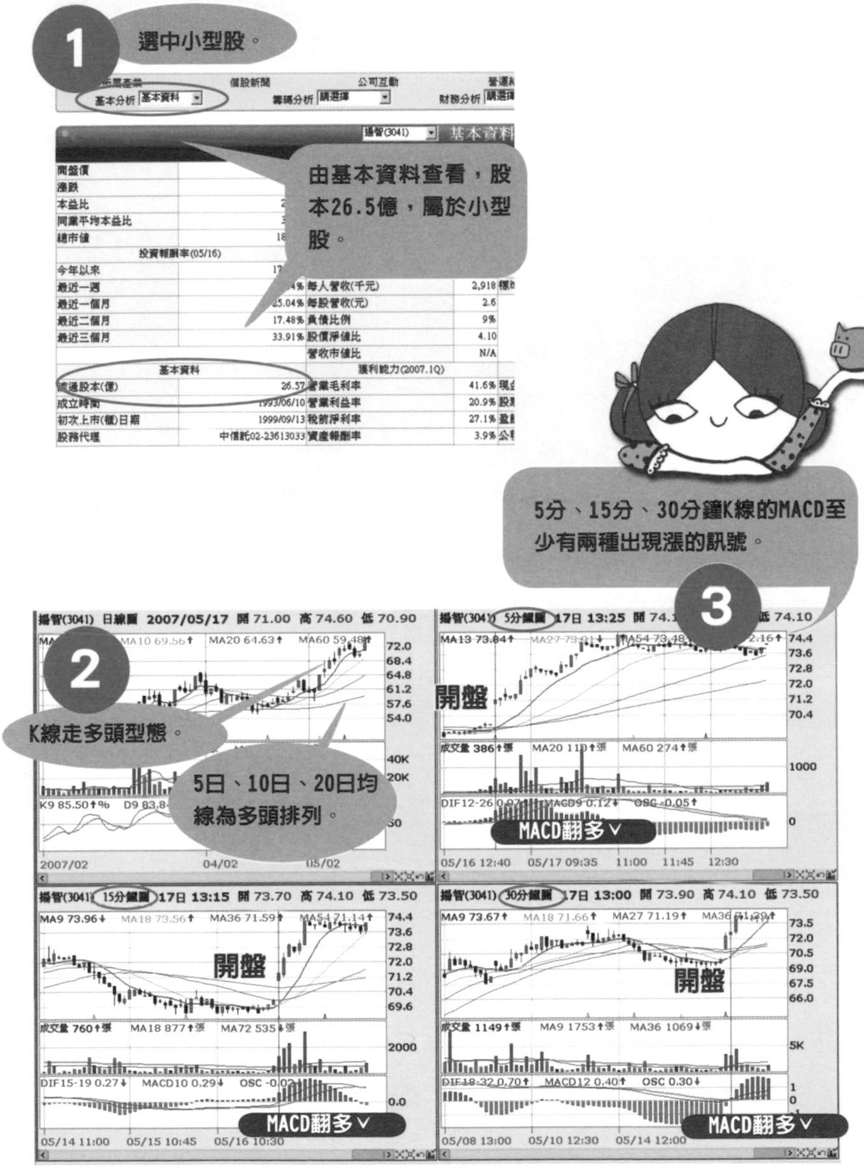
1
選中小型股。
由基本資料查看，股本26.5億，屬於小型股。
2
K線走多頭型態。
5日、10日、20日均線為多頭排列。
3
5分、15分、30分鐘K線的MACD至少有兩種出現漲的訊號。
揚智(3041) 日線圖 2007/05/17 開 71.00 高 74.60 低 70.90
揚智(3041) 5分鐘圖 17日 13:25
揚智(3041) 15分鐘圖 17日 13:15 開 73.70 高 74.10 低 73.50
揚智(3041) 30分鐘圖 17日 13:00 開 73.90 高 74.10 低 73.50
開盤
MACD翻多

股，只要大盤沒有出現暴跌，通常可以有一小段行情。就算沒有等到行情，設好停損點，損失也不會太大。

短線初學者model②
目標為當天交易

短線交易的投資人，初期目標要放在收益超過「手續費+稅金+融資融券的利息」。先過了這一步，再慢慢的練習把利潤目標加大。

- 9點集合競價後，在9：05查看5分鐘內「成交量排行榜」與「漲幅排行榜」的前10名個股。
- 9：10查看前10分鐘內的兩個排行榜(如前)的前10名。
- 選出前面兩組均出現的個股，並再篩選出：日K線與均線都呈現多頭的態勢，或者看起來正要轉向多頭，且計量化指標如KD、RSI、MACD也出現強勢：5分鐘、15分鐘、30分鐘的MACD最好有1～2項是出現紅柱，將這種股列入交易名單，
- 看盤以5分鐘k線爲主，當12根移動平均線往上翻揚時爲買點。
- 如果以當天交易爲主，這樣的行情一天之中通常有很多次，可以配合TICK圖了解行情的方向性。趁上漲的趨勢買進，如果出現目標價位就快速賣出。這種方式不能過於戀棧行情，趨勢一旦逆轉就要賣出。可以參考右圖配合最佳五檔的策略交易。

短線初學者model③
龍頭股

短線的「龍頭股」尋找方法，有一個很簡單的判別方式--

首先，如果大盤一早就出現大量並開高盤一付要往上攻的架勢，就看9：05分與9：10分的漲幅排行榜，是那一類股上榜的最多？比方說，數一數上榜最多的是電子股，那麼，再從電子類股中的成交量排行去找，看看誰最先放量上漲。這樣的方法尋找，類股中成交量最大的前三名，就是短線的龍頭股也會有行情。

慢慢積累少額的利潤

委買委賣最佳五檔9：25

賣量	價格	買量
104	72.4	
19	72.3	
27	72.2	
88	72.1	
23	72.0	★
	71.9	320
	71.8	57
	71.7	25
	71.6	100
	71.5	85

買5張

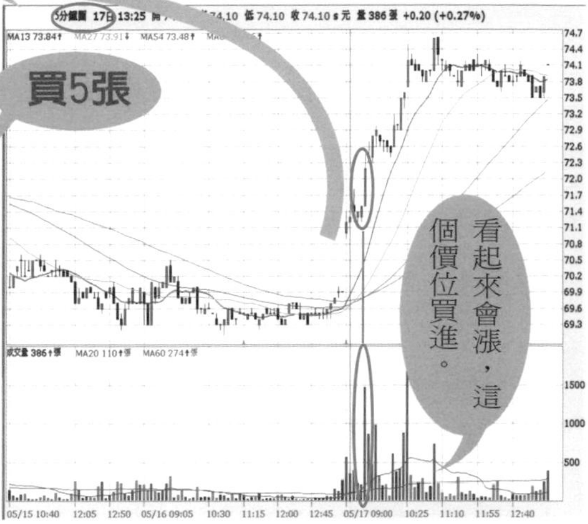

漲了，
把賣單這樣掛出。

委買委賣最佳五檔12：05

賣量	價格	買量
1045	74.7	
145	74.6	
27	74.5	
3	74.4	
23	74.3	
	74.2	32
	74.1	57
	74.0	66
	73.9	108
	73.8	106

5張
2張 → 74.6
2張 → 74.5
1張 → 74.4

找短線有動力的股，排行榜是很好用的工具。但是，短線終歸是短線，賺到就快跑，賺不到也要快跑！

冷靜 交易的秘訣

任何人發現自己的判斷錯誤遭受損失時，內心都不可能平靜。尤其是以積極的姿態集中投資在某些個股但行情發展卻沒有如自己所預測時肯定會更加焦急。

分散投資和嚴格的推理

股市是一個沒有定論的交易市場，某些時候既需有「鋼鐵般的意志」某些時候又需要有「彈性的構思」。那麼，具體應該怎樣矢志不移，怎樣隨機應變呢？首先，要有風險概念，過於集中的投資當判斷失誤時，將帶來的損失巨大。

如果從事短線交易，得需找到好管理的看盤軟體或網站，可以一次對多檔股票進行分類管理與篩選，如果能夠活用這些數位功能，就能夠管理更多的股票。此外，已決定的交易策略也不能絕對化。如果覺得策略有必要更改也要以樂觀的態度進行更改，不能有「就賭一把」的心態。所有的決定都應該建立在嚴格的推理上。

優秀的短線交易者健康/寡欲/謙虛

大多數的投資人在行情樂觀時一起跟風買進，股價暴跌後馬上逃得無影無蹤。但短線交易者則傾向於「大盤上下震盪300、500點也無所謂！」的心態，某種程度來講短線交易者用很酷很有個性的心情時時刻刻尋找交易機會。

雖說縮短持有期間，可以降低風險。但是反復頻繁交易，不斷買進賣出，無形壓力很大。因此，懂得適時遠離市場保持清醒也是獲利訣竅之一。

此外，市場上優秀的短線交易者都非常謙虛。他們不會一心想著賺錢。反而強烈希望「將全世界的金錢都變成囊中之物」的人，在股票世界中往往無法容身。這一點正和大多數人的認識背道而馳。

有助於股票交易的準備工作

• 不管長線、短線，平日就得下功夫。

別再當用手工記錄的菜籃族了。

利用網站或看盤軟體，自己揣摩出一套分散風險的管理辦法，讓交易更有效率。

第一步可以先建立自己的「商品組合」，先把股票分類放入不同的組合裡，題目的設定可以很自由只要自己看得懂就好，比方說，每當政府官員說重話就立即突然漲跌的個股分一類，如此，有突發性新聞就能快速的掌握到行情；準備做長期投資的股票也要跟短線進出的分開；親友心得分享的股票也獨立一列……總之，已經進入數位時代了，就用更聰明的辦法投資理財，可別像早期的菜籃族，東聽西聽完全沒主見也沒分類！平日整理、歸納、研究的工夫做得徹底是致勝的關鍵。

自選商品組合
商品組合
新增(A)
修改(M)
刪除(D)
重新命名(R)
預設
大大買超
主力買超
台海危機股
官員白目股
妹妹明牌股
2年持有股
長線，黑馬尋找股
阿嬤說的第一準股
001 2333 碧悠
002 3481 群創
003 6116 彩晶
004 8069 元太
005 2475 華映
006 3009 奇美電
007 2409 友達
008 2384 勝華
009 3080 威力盟
010 8077 冠華
完成(K)
善用商品組合，
我的投資有自己
的一套。

• 多條件即時看盤設定，短線選股較省力。

捉住瞬間行情，不一定得花錢買看盤軟體，類似於xq這種多條件設定的看盤方式，大型的財經網站或是你所開戶的券商部份屬於免費提供。若是所需要的功能單一網站無法滿足，可以兩三家網站交錯使用自設看盤也很優。

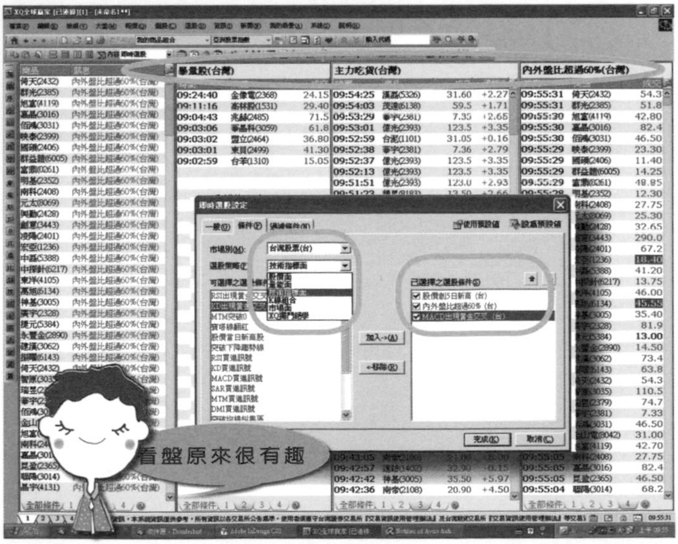
飆量股(台灣)
主力吃貨(台灣)
內外盤比超過60%(台灣)
即時選股設定
加入->(A)
<-移除(R)
完成(K)
取消(C)
看盤原來很有趣

Chapter 5

資訊收集篇

網路的出現

使個人能夠和專業機構一樣

獲得同樣的資訊

不過

如果不知道如何讀取資訊，

就是白白浪費

學習專家的思維

專業的投資從業人們在進行交易之前查看什麼、思考什麼呢？

千線萬線真的不如電話線？

那些所謂的投資專家與我們普通人的區別在於經驗的多少，以及是否能夠將理論知識運用在實際中。就目前來講，「資訊環境」的差別已經不大了。或許有人會說，「才不呢！專業機構都有『內線』。」所以，股票市場上流行一句話「千線萬線不如一根電話線」，意思是說，不管散戶再怎麼學習看線、讀財報還不如打電話問內線來得準！

事實不然，投資機構也有他們的限制，過於信任(或說「自信」)自己的技術與探聽消息的方法(管道)有時反而會在最有把握的地方受傷最重。千萬不要迷信任何「明牌」，操作股票是很務實的一件事，技術與經驗都可以靠時間與虛心檢討慢慢磨練，風險可以靠策略運用，但若迷失在打探明牌，企圖走捷徑就一點也不可取。所以，在出發點上沒有必要覺得因爲自己不是專職的股票投資者就一定技不如人。

專業投資者都早起

高效率的收集資訊，逐漸積累經驗以「毫不遜色于專家的個人投資者」爲目標。很多加入股票市場的人都很關心什麼樣的資訊左右了行情。如果連這個也不知道，就無法預測股票的動向，無法取得有利的地位。

右頁的表格中記錄了某位短線交易者一天的日程安排——

·早上開盤前，查看美國市場的動向、新聞、決算資訊等。

·開盤到收盤期間，確認整個市場動向和個別企業資訊。

·收盤後調查企業公佈的資訊，反省一天的交易。

某個短線交易者的一天

不容易！
原來做短線還得做那
麼多功課。

行動時間	目標	資訊來源&備註
6：30 起床	美股收盤	• 雅虎奇摩、PC HOME、鉅亨網等大型財經網
7：30	閱讀各重要財經報紙	• 雖然網路資訊快速，但報紙有深入的分析，是不可完全被取代的。
8：00	分析師報告	• 各家有各家的角度，習慣了這些「分析師」語言不一定要完全照抄他們的建議，但選股時會比較有方向感。
8：30	股市行事曆 股市公告與新聞	• 那家企業有什麼重要的事件？獲利預期是超前還是調降？要隨時留意。看當天的新聞不能等開盤以後再看，無法比其他投資人早也一定不能比別人晚。
8：45	設定今日交易策略 上網設定交易價位	• 出現「必跌」或「必漲」的消息，要搶在開盤前賣出或買進。網路下單預定超級好用。
9：15	開盤15分鐘後，調整作戰策略	• 黃金15分鐘，三根K線如何排列？上下五檔價量如何？短線交易得熟悉這些盤面的變化。
13：15	盯住尾盤的變化做因應	• 尾盤跟開盤同樣有關鍵性的指標作用。
13：30	收盤	• 喘口氣……
13：30 以後	分析三大法人進出 收看證券相關電視新聞	• 檢討與擬定作戰計畫。 • 寫交易日記，好好檢討

我不怕苦，我喜歡那
種每天都有「作戰計
畫」的感覺！

沒有時間一整天專注於看盤的人，完成以上所有步驟可能有點困難，不過完成其中一部分應該是再忙任誰也能做到。比如，可以每天下班後上網找當天的行情與新聞，做好筆記並擬定明天的策略。大凡從事短線交易的人都有早起的習慣。一般說來，通常在開市之前就已經讀了報紙並上網查看前一天美國市場的動向以及企業決算資訊與公佈事項，然後理出當天的交易作戰計劃。以上這些事情如果是早上九點開盤後才開始考慮，已經趕不上開盤了。

如何解讀資訊對行情的影響

當然，個性悠閒手腳總是慢吞吞的人進入股市也有機會獲利，不過，如果能夠多掌握行情，推演趨勢是可以減少風險的方法。優秀的短線交易投資人早起是必要的。

早期有的證券公司的營業員會主動向顧客打電話告知「現在您持有股票的價格是×元；大盤指數是×點……」。但現在很多個人投資者都通過網路即時查看股價資訊。

以前，爲了知道股價資訊，需要查看報紙的股價欄，或者在某個特定的時間收聽廣播。不僅資訊傳達較慢，而且很麻煩。現在網路發達，外行也能和專家一樣獲得相同的資訊(參考右頁)。

不過，資訊如果不知道如何判讀也沒有意義。這種功力不是一朝一夕可以養成的，首先必需揣摩這則消息「大家的想法如何？大家會有什麼樣的行動？」接著要考慮「自己要如何因應別人的這些行動？」畢竟，股市是一個人氣匯聚而成的市場，股市很有名的一句話說，選股猶如選美，採用的不是自己的標準，而是流行的標準！觀察新聞也是如此，好新聞壞新聞在其次，能掌握住投資人將有一致（或不一致）的行動才是微妙之處。

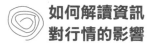

尋找股市資訊的管道(範例1)

．國際行情

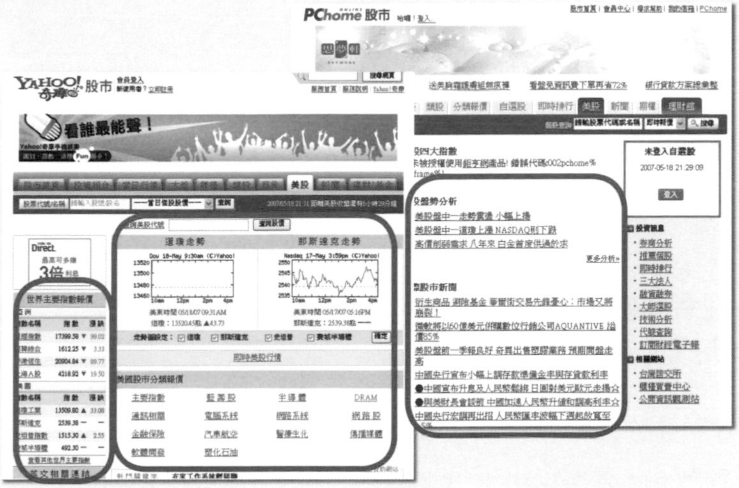

．股市公告與新聞

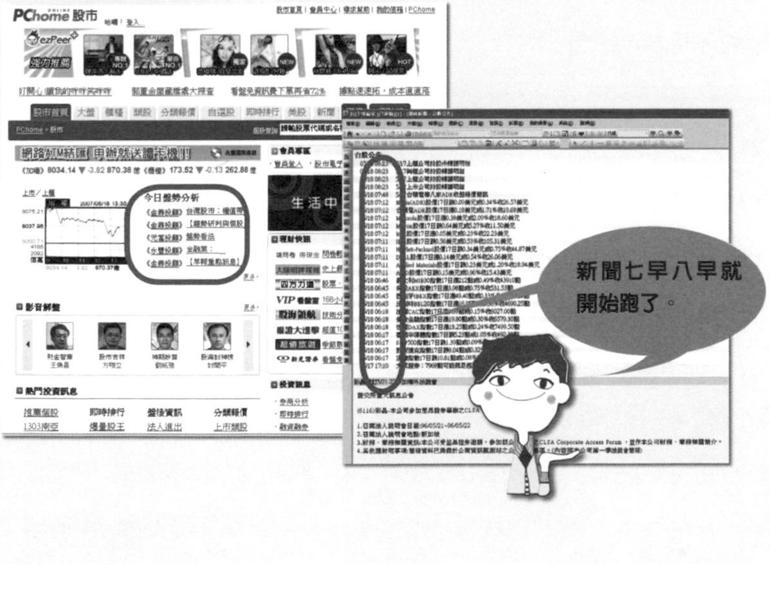
新聞七早八早就開始跑了。

資訊戰
從前一天晚上開始

每天的交易資訊戰實際上從前一天開始。應該確認的資訊有兩種。一種是個別企業的相關情報；另一種是對整個市場產生影響的資訊。

通過網路收集資訊 既快捷又方便

除權除息和決算公佈是影響個別股價的重要材料。這種資訊不只在開盤到收盤期間公佈，還可能在收盤後公佈。比如，如果不知道自己持有股票的決算內容比預想的要差，第二天行情暴跌的時候，就會措手不及。

通過網路可以迅速方便尋找企業資訊。如果要尋找個股的資訊，可以上該企業的主頁，如果希望查找更多個企業的公佈結果，利用證券交易所的「公開資訊觀測站」非常方便。除此之外，自己常用的網站或看盤軟體也都提供資訊。對投資人而言，最困難也是最需要經驗的是判讀資訊的能力與敏感度。比方說，從新聞上，我們一定常聽到「台股受美股激勵(或拖累)」之類的消息。那麼，是否意謂著台股一定跟美股同步運動呢？不完全是！有時美股收黑、台灣一開盤就壓低，但這反而是股價相對便宜的買點(如果當時的情況是全球景氣沒有很差、技術線圖也沒有壞透了)；有時美股大漲，激勵台股一開盤就衝高，有時反而是個好賣點，因爲套牢的人反而利用這個機會解套而形成賣壓。不過，台股受美國股市的影響，還是非常大的。但對投資人而言，不只要了解片面的漲跌更需要查看相關的資訊，累積自己判讀資訊的能力。

個股行情受公告的影響也必需投資人自己憑經驗加以理解。比方說，個股發出了調漲財測的新聞，這樣的好消息若是出現在本益比相對偏高的個股可能對行情沒幫助，因爲行情老早就已經反應過了，或者還可能因爲調高財測的幅度不如預期而下跌呢！(見「股市初見面－本益比」一書。)

尋找股市資訊的管道(範例2)

個股的所有重要資訊，都會在這裡公布。

交易所公開資訊觀測站
http://newmops.tse.com.tw/

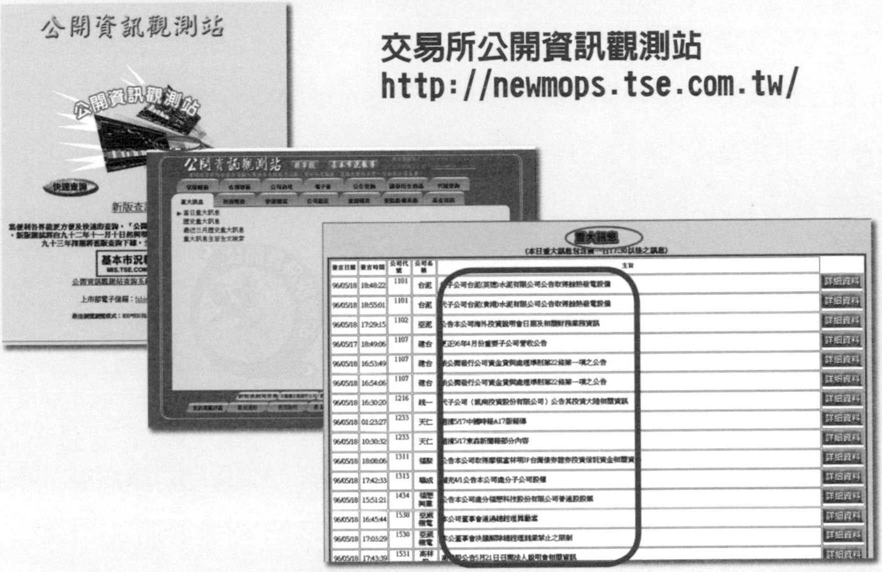
公開資訊觀測站
快速查詢
基本市況
重大訊息
詳細資料

國際股市影響國內行情甚鉅。

嘉實資訊XQ全球贏家

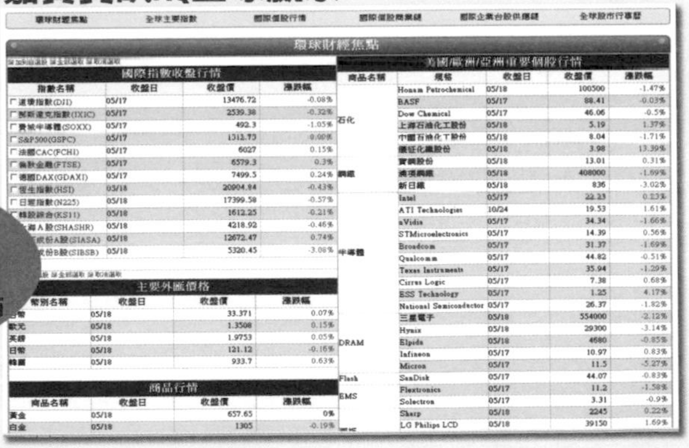
環球財經焦點
國際指數收盤行情
美國/歐洲/亞洲重要個股行情
主要外匯價格
商品行情

NASDAQ影響國內電子類股
費城半導體影響IC族群
道瓊與S&P500影響總體股市

世界的某個角落，市場正在變化

近年來國際資金全球化趨勢愈來愈明顯，各國股市連動性持續加深，尤其是美國股市對台灣股市的影響更不在話下。所以，不管是進行長期還是短線投資人都要了解，現在是24小時連續交易的時代。國內市場在下午1點30分收盤，接著是歐洲市場，然後是美國市場接二連三的開市。包括就近的日本、韓國都比台灣早1個小時開盤，這些股市的動向也會影響當天的國內市場。

國內市場和國外市場連動

外資佔據了國內市場很大的交易量。要預測國內股市趨勢，國外的資訊必不可少。

美國市場在台灣時間21點30分開盤，第二天上午5點結束。所以，當天的報紙不會有最快的訊息，但廣播、電視或網路則會出現即時訊息，英文能力好的投資人，可以上國際知名的BLOOMBERG、REUTERS查看當天美盤最新的即時行情與財經新聞。若是上班族沒有辦法一直看盤，早上的晨間新聞也會出現前一天深夜美股收盤的行情。

美國四大股價指數意味著什麼

美國有四大股價指數，當天行情對第二天一早台股開盤有影響。

·道瓊DowJones指數

這是世界上最有名的股價指數，歷史已經超過100年，不過，它僅僅只有採樣30檔股票而已，但這30家公司全都是世界知名的企業，包括賣冰箱電視的GE、賣飲料的可口可樂、製造飛機的波音、賣漢堡的麥當勞與IBM等，這些都是道瓊工業指數的成員。

雖然一般提到美國的指數，沒有特別說明大都指的是道瓊指數，但道瓊取樣少，很多人不認爲具有代表性，雖然如此，道瓊還是一個極具參考價

24小時連續交易的時代(換算成國內時間。)

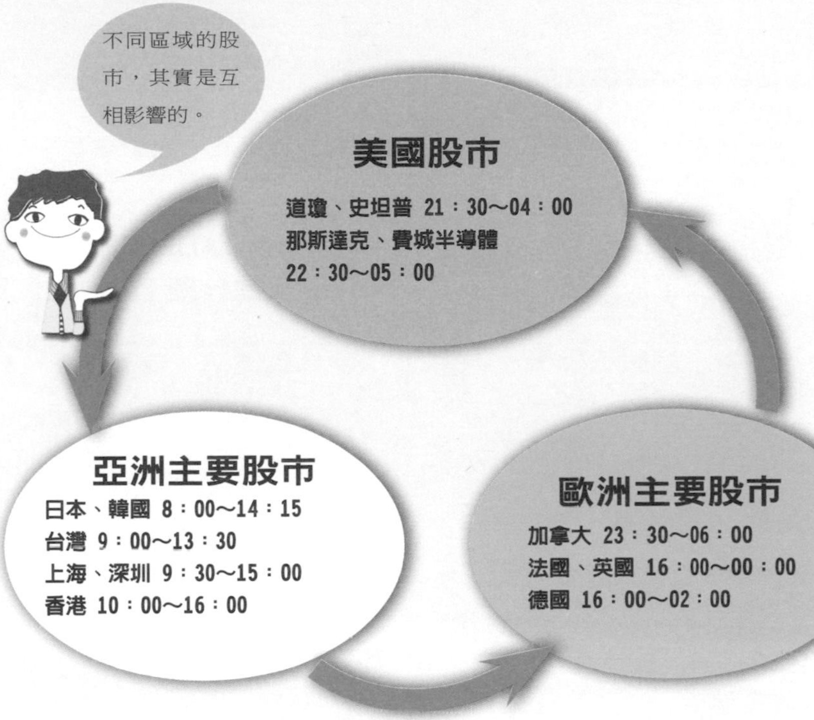
不同區域的股市，其實是互相影響的。
美國股市
道瓊、史坦普 21：30～04：00
那斯達克、費城半導體
22：30～05：00
亞洲主要股市
日本、韓國 8：00～14：15
台灣 9：00～13：30
上海、深圳 9：30～15：00
香港 10：00～16：00
歐洲主要股市
加拿大 23：30～06：00
法國、英國 16：00～00：00
德國 16：00～02：00

▼http://www.bloomberg.com/

▼http://www.reuters.com
要看國際股市最新的數據、趨勢與行情，可以參考彭博(BLOOMBERG)、路透社(REUTERS)或看盤軟體。

值的股價指數。而且也影響國內大盤走勢。

·納斯達克NASDAQ指數

NASDAQ跟國內的加權股價指數一樣，是綜合性的股價指數，不同的是，它的採樣集中在電腦軟硬體、半導體、網路、通訊、生化科技等與高科技有關的各種類股，所以，算是高科技產業最重要的指標指數。它的重要性不但是國內電子股與其連動性高，全世界的科技股都受其影響。要預測國內當天電子類股會漲會跌，這個指數是一定不能漏掉的。

·史坦普S&P500指數

指數是由權威的史坦普公司選出美國各產業最具代表性的公司共500家所編的指數。由於這500家公司通常是美國上市公司市值最高的前500家，份量自不在話下，是全球基金經理人必參考的重要依據。

·費城半導體指數

顧名思義就是以半導體產業為主的股價指數。台積電就是這個指數的成份股，因此，看到費城半導體指數前一夜大跌，隔天一早台積電等與半導體股相關的個股就很難漲得起來。

DR、ADR、EDR又是什麼？

看新聞時一定聽過DR(ADR)這樣的字眼。所謂的DR是Depositary Receipt的縮寫，是一種衍生性金融商品，中文稱它「存託憑證」。DR是原本已經在本國發行的股票在外國發行的交易憑證。憑證如果在美國發行就叫ADR(American Depositary Receipt)；在歐洲發行就叫EDR(European Depositary Receipt)。

對企業而言，發行DR就像將股票移民海外一樣，可以幫助企業在海外募集資金。

雖然歐美股比台股早開盤，但發行ADR的個股並不一定會受到海外行情漲跌而漲跌，有時反而是台股盤中出現特別利多(利空)，晚上美股開盤ADR行情會受影響。

DR是什麼東西？

上網查看DR行情

▼MONEY DJ理財網http://www.moneydj.com

▼鉅亨網http://www.cnyes.com/

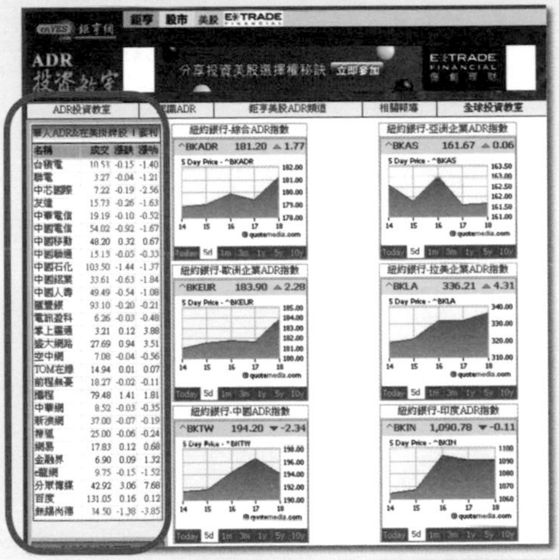

DR的計算方式

以台積電為例－－

台積電ADR1股表彰台積電普通股5股，某日台積電ADR收盤價為UD$10.53，匯率為33.48，換算公式=ADR收盤價×匯率/5(一股ADR表彰5股現股)折合台股為10.53×33.48/5=70.51元，台積電當日收盤價69.0元，台積電ADR溢價約為(70.51-69.0)/69.0×100%=2.19%

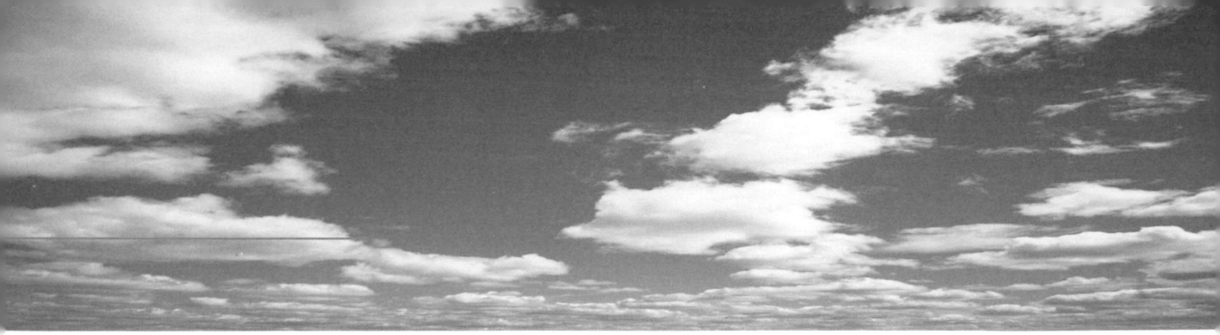

傳說中
超完美日本的家計簿在這裡

365日記家計簿(大)
售價 · 199

信用卡式家計簿(大)
售價 · 199

分項式家計簿(大)
售價 · 199

貼貼貼家計簿(大)
售價 · 199

365日記家計簿(小)
售價 · 150

分項式家計簿(小)
售價 · 150

信用卡式家計簿(小)
售價 · 150

• 國家圖書館出版品預行編目資料

股票初見面，看盤選股/新米太郎著.
初版.——臺北市：恆兆文化，2007「民96」
160面；　公分
ISBN 978-986-82173-6-2(平裝)
1.證券 2.投資
563.53　　96007188

股票初見面

看盤選股

出版所　恆兆文化有限公司
Heng Zhao Culture Co.LTD
www.book2000.com.tw
作　者　新米太郎
美術編輯　張讚美
責任編輯　文喜
插　畫　韋懿容
電　話　+886.2.27369882
傳　眞　+886.2.27338407
地　址　台北市吳興街118巷25弄2號2樓
110,2F,NO.2,ALLEY.25,LANE.118,WuXing St.,
XinYi District,Taipei,R.O.China
出版日期　2007年6月初版　2007年7月初版二刷
I S B N　978-986-82173-6-2　(平裝)
劃撥帳號　19329140　戶名　恆兆文化有限公司
定　價　299元
總 經 銷　農學社股份有限公司　電話　02.29178022